大飞 周礼 著

团队赋能

带出一支高效能团队

充分赋能　　激活团队　　高效工作　　绩效改善

中国法制出版社
CHINA LEGAL PUBLISHING HOUSE

序　言

　　如果你已学习多年，是否想过有这样一种可能，就是你从未进行过真正的学习？

　　你的知识从何而来？你的经验从何而来？

　　你的观点从何而来？你的判断从何而来？

　　你的决策从何而来？你的思想从何而来？

　　随着时代的发展，管理都发生了哪些变化？有哪些又是不变的？究竟是什么影响了我们的成长，到底是什么在决定着我们的未来，我们应该拥有什么样的竞争力才能更好地面对高速迭代的社会？很多人虽对这些问题很感兴趣，但又很难获得满意的答案。

　　如果用思维决定行为、行为决定结果来解释我们的经历，那又是什么在影响和决定着我们的思维？思维是否可以被管理？你我他的思想和决定为什么会出现如此重大的区别？他人的思维是否能够学习和复制？正是这些探索式的自我追问，让我们既痛苦又兴奋，但因此也有机会帮助我们打开一扇新世界的大门。

　　普通人，其实经常会有一些关于未来的灵感，只不过大部分时候我们都不会有意识去锻炼和刻意去练习。有些事后只能进行"自我愉悦"的感叹。比如，这个啊，我早就断定会这样了，只不过我没说出来而已。也可能会表达"后知后觉"的感慨。比如，这个啊，我多年前就意识到了，只不过我没做而已。还有可能进行"马后炮"式总结，以"嘴炮"的形式获得一点微弱但毫无意义的快感。比如，我就知道，如果怎么怎么做，一定会如何如何。

　　那么，是否可以通过合理的学习和预判，作出一些对未来更有帮助的思考和行动，从而让我们的未来不仅是"未知世界"（我们的认知范围太小了，以至于我并不敢确认我们到底是活在一个"充满了逻辑"还是"充满不确定性"的世界里）中随机的一部分，而且可以主动进行管理和影响？真正创造未来，而不是等待未来的出现。

今天的我们，不得不以碎片化的方式来阅读一本书，并且逐渐适应并几乎难以逃离这种资讯获取方式。因此，我们由衷地提醒大家：虽然无法避免碎片化的阅读，但一定要练习系统化的思考。只有这样，外部的知识和他人的经验才有可能成为你思想的一部分，而不是以一种资讯的形式暂时存储于你的大脑之中。

现如今管理依然是需要借助他人的努力达成目标结果。简言之，管理是依靠别人做事。对于一名管理者而言，应该依靠他的团队成员完成各项工作任务。想看管理发生了什么变化，首先要看管理的时代大背景发生了哪些变迁。不同于农业时代和工业时代将员工当成工具人，管理者更多地是作为"监工"的角色，当代背景下员工正在成为具备主观能动作用的知识型员工，并且得益于互联网背景下的信息高度透明，个体与个体之间的协作难度越来越低，每个人都能找到具备某方面能力的合作伙伴。团队的发展重点已经从追求均衡木桶理论转换到追求不同个体之间优势互补的长板理论阶段。

从体能、精力和绩效规模的角度来说，个体的体能、精力的天花板都是极其有限的，哪怕管理者不间断从事具体工作，也很难有好的绩效表现。从工作任务的角度来看，互联网时代的工作任务越来越复杂多元，对于任务完成者的知识、技能、眼界、阅历的要求都在上升。单纯的个体已经难以满足多元化的任务挑战。

基于此，管理者越来越重要的且必须具备的能力之一就是激活个体和团队。让团队中的不同个体充分发挥各自的技术和专业优势。而团队赋能对管理者提出了新的要求。很多企业的管理者晋升的依据是"工而优则管"，由于主观的重视程度、市场的竞争节奏以及企业内部的培养机制的局限，一些管理者基于错误的自我定位，经常会使自己陷入"超级员工"的角色。这种错误的定位，使得管理者在日常工作中普遍表现为自己很能干，并且亲自冲杀在一线，结果被各种事务吞没的现象。而员工却由于管理者太能干而没有心力，缺乏责

序　言

任心和主动意识，导致能力无法提升，晋升无望，最后要么混日子，要么离职的恶性循环。而作为一名管理者，工作应该从两个大的角度来进行：工作维稳和绩效改善。

工作维稳方面，维护团队内部的人员稳定和日常工作的有序进行。这一部分中"日常工作的有序进行"的工作难度其实不大，员工的岗位职责和流程能够在很大程度上给予管理者帮助，而另一部分的内容"人员稳定"则需要管理者对员工的状态做出及时的觉察和干预。

绩效改善方面，狭义一点理解，管理者需要充分激发员工的绩效表现，通过挖掘、设计、引导员工的专业技能和潜力区域，帮助员工突破个体能力的天花板，从而助力团队不断地提升绩效。而这种稳定员工状态、引导员工责任心、激发员工潜能的过程，就叫作赋能。赋能的最终目的是提升团队的绩效产出。它要求管理者具备多方面的素质能力和更加宽广的视野，需要团队管理者具备更加纯熟地打造高绩效团队的策略、能力和技巧。

本书在编写过程中，非常幸运地得到了前瞻心智®创研院创始人、阿里敏捷总教练、业界著名跨界研究学者季佩枫老师的大力协助与指导。在此对季佩枫老师表示最真挚的感谢，同时感谢一路支持我们的各位亲朋好友，感谢你们！本书编写时间仓促，如有不当之处还请广大读者朋友提出宝贵的意见或者建议！

团队赋能是一个持续的过程，更加讲究日常工作的坚持，没有捷径可走。

希望本书能够对广大的团队管理者在团队赋能方面起到帮助作用。

目录

第一章 不懂赋能，活该你自己累 / 001
一、赋能即赋予他人能力 / 001
二、赋能 ≠ 激励 / 004
三、赋能 + 授权 / 007
四、团队管理的精髓，赋能而不是管控 / 010
五、要想赋能别人，首先赋能自己 / 011
六、赋能的误区 / 015

第二章 学会系统思考，赋能是一项系统工程 / 018
一、赋能是一项系统工程，学会系统思考 / 018
二、赋能型组织的架构特征 / 021
三、认知同频，上下同欲 / 023
四、组织权力下放，自上而下赋能 / 025
五、转换领导方式，重塑与员工的关系 / 028
六、团队赋能依赖的是制度 / 032

第三章 赋能团队的特点 / 034
一、自我驱动 / 034
二、高度信任 / 036
三、包容开放 / 038
四、深度汇谈 / 041
五、协同作战 / 046
六、敏捷行动 / 047

七、复盘精进 / 050

第四章　能赋：衡量赋能对象的最低标准 / 054

一、赋能的更高级状态是"能赋" / 054

二、赋能团队塑造逻辑：让成员发现自我 / 055

三、帮助下属成功 / 058

四、保持好奇心和求知欲，持续学习 / 061

五、让良币淘汰劣币 / 063

第五章　用激发而非控制的方式带领团队 / 066

一、用教练而非命令的方式教导下属 / 066

二、尊重和信任个体 / 069

三、建立心理契约 / 072

四、赋予无上的荣誉感，激发团队潜能 / 075

五、释放团队激情 / 076

六、学习型赋能团队 / 079

七、营造强烈的危机感 / 081

第六章　去中心化的团队管理模式 / 084

一、去中心化的管理模式 / 084

二、进行决策权力的去中心化 / 086

三、匹配的人力评估模式和管理模式 / 089

四、自组织型赋能小团队 / 091

五、沟通通道的畅通 / 093

六、员工不再是任务工具，而是事业合作伙伴 / 095

七、赋予团队成员更大的行动权限 / 096

第七章　对团队充分授权，解放生产力 / 100

一、氛围赋能，使之愿干 / 100

二、责任赋能：使之具备契约精神 / 101

三、目标赋能：激励团队去挑战 / 104

四、标杆赋能：向标杆看齐 / 107

五、给予流程自由，把握关键结果 / 110

六、致力于成为园丁式领导 / 112
第八章　从低维团队到高维团队的进化 / 116
　　一、低维（传统）团队与高维（赋能）团队 / 116
　　二、高维团队的共识、共鸣、共振 / 120
　　三、形成团队智能演化生态体系 / 123
　　四、高维（赋能）团队精进的"六顶思考帽" / 126
　　五、团队冲突与建设性冲突 / 130
　　六、精神的传承：赋能团队最根本的驱动因素 / 132

第一章　不懂赋能，活该你自己累

团队领导者，重在"使众人行"，发挥团队集体的力量。通过自我赋能和赋能他人来激发团队潜能，整体提升团队战斗力，让本来"不能"的下属、团队变得"有能"，让团队领导者"有人可用、用之能成"。

团队成功的关键在于赋能出能力与激情兼备的高绩效人才，如果团队领导不懂赋能，将会无人可用。

一、赋能即赋予他人能力

赋能，顾名思义，即为某个主体赋予某种能力或能量。赋能，原本是心理学领域的一个概念，主要指通过思维、态度、环境以及言行上的某种改变，来给予他人积极向上的正能量。

近年来，"赋能"成为一个热词，频频出现并应用于商业和管理领域，其基本思路是：企业组织由上而下地释放权力、动力和能力，使得组织成员获得自主工作、自我管理、自我精进、持续创新的工作自主性和权力，借助去中心化的团队管理方式推动组织架构的扁平化革新，从而最大限度地发挥人力的才智和潜能，在未来变幻莫测的商业环境中达成组织目标，维系持久的竞争优势。

所谓赋能，直白来讲就是"你本来不能，但我设法使你能"，该过程即赋能的过程。举例来讲，员工原本不具备某项工作能力或工作权限、不具备相应的胜任素养，上司或组织通过某项管理举措、激励措施、培训指导、权力下放等方式来提升员工的胜任度，使之具备完成工作的能力或满足某个岗位的胜任要求。

组织、团队中的赋能反映在两个方向：自我赋能和赋能他人。自我赋能，涵盖了组织内的所有成员，旨在通过个体的自我驱动、自我精进、自我激励来实现自我能力的提升；赋能他人，则是通过去中心化的管理模式来推进组织的扁平化进程，自上而下地赋予人才创新的思维、进取的动能、自发的工作态度、自主决策的个人权限、主动创新的乐趣以及轻松愉悦的团队工作氛围，以充分激活工作积极性、激发潜能。

向赋能型组织和团队的转型并非赶时髦，它是摆在企业组织面前的一项迫在眉睫的任务，诸多内外环境中的新动向、新思维在倒逼着企业去完成赋能型组织和团队建设。

1. 互联网的发展在驱动企业组织的去中心化进程

互联网中的流行语和趋势，可以称为整个社会的风向标，能折射出社会的担忧和需求。科幻小说《三体》在国际上获得雨果奖，于是"降维打击"成为互联网中的一个热词。现如今，"赋能"也成为互联网中的一个热词。京东到家提出了零售赋能，阿里巴巴称要赋能商家，腾讯也希望成为一家赋能型公司。

互联网巨头之所以对赋能型组织和业务模式推崇备至，就在于互联网背景下的商业模式、商业生态和组织架构已经出现了更新迭代。

企业内部生态系统也正在经历这一变化，在传统组织层级结构中，老板通过管理层级来逐级引导员工行为，提高员工工作效率，每一层级只需和少量人员进行紧密互动，通过这种逐级信息传导，将高层领导意志传达至每一位企业雇员。尤其是一些组织结构复杂的大型企业，各个分层、事业部、支撑部门都要向上进行逐级汇报。这种多层级的管理模式会影响信息的有效传递，而且复杂的汇报流程不仅耗费时间，同时也会让高层脱离一线市场和客户，从而导致决策迟缓和创新乏力。

在互联网时代，这种管理方式存在弊端，难以就瞬息万变的商业环境及时做出反应，而且容易导致管理信息的失真和组织层级沟通的阻滞乃至断层，同时也不利于赋能员工。

这种形势下，企业组织架构的扁平化（组织架构的充分简化）和去中心化

（团队由一个控制中心变为多个控制中心）正在形成一种浪潮。

2. 人力资源管理观向人才运营观的转变

信息时代催生了无边界组织，促使组织朝扁平化、去中心化方向发展，与此同时，企业的人力资源管理也呈现出新的动向——传统的人力资源管理观向人才运营观的转变，人力资源管理观表现出的是管理心态，而人才运营观折射出的则是服务心态、赋能心态。为了完成这种转变，一些公司纷纷用新的部门来替代原来的人力资源部门。比如，爱彼迎公司的员工体验部以及奈飞公司的人才部，这些公司通过部门名称的改变来表现对人才的尊重，用服务心态、赋能心态替代人力资源上的管理心态，实现赋能与共创。在人力资源管理观升级中，人才提法具有现实土壤和深远的意义，它体现了企业对员工的尊重，而对员工的尊重，是企业组织、团队实现成功赋能的基础。

3. 新生代员工需要被赋能

电视剧《大叔的爱》中有一句令人辛酸的台词：不要大声责骂年轻人，他们会立刻辞职的；但是你可以往死里骂那些中年人，尤其是有车有房有娃的那些。

电视剧中的台词影射出的不仅是中年职业人士所承受的巨大压力，也反映出了职场新生代的鲜明个性，那些"会立刻辞职的"年轻人，即"90后""00后"员工正在逐渐成长起来，后浪推前浪，成为企业人才后备梯队的主力军。与善于隐忍克制的"70后""80后"相比，新生代员工中的一些人的价值观、思维方式和行为模式截然不同，他们思维活跃、个性张扬、不喜管教和约束、自我感觉良好、勇于尝试新鲜事物。

对新生代员工，如果再以传统的管控模式来约束的话，已经行不通了，这不单单是简单的上下级沟通问题，或代沟问题，也是管理理念的转化问题。面对新生代员工的价值观念和处事方式，需要新的管理理念，需要理解他们的做事方式，懂得激励他们，换位思考，用他们的思维方式去分析问题和理解问题，给予自主权和能动性，赋能于人才。

二、赋能≠激励

赋能同激励不同。

传统的团队激励是基于这样一种情况，在管理专家弗朗西斯看来："你可以买到一个人的时间，你可以雇到一个人到指定的工作岗位，你可以买到按时或按日计算的技术操作，但你买不到热情，买不到创造性，买不到全身心的投入，你不得不设法争取这些。"[①]

在一些低效的企业中，员工给人的面孔几乎是千篇一律的士气低落：

需要加班时，他们不情愿。

他们的目光只瞄准自己的"一亩三分地"，而不愿接受更不会主动去做额外的工作。

在管理者要求他们为完成工作而付出额外努力时，也表现出抗拒、不合作的态度。

明显在消耗工作时间，并将休息时间人为拖长。

对于自己的迟到早退现象不以为意，甚至给不出任何合理的解释。

经常抱怨琐事太多，时常埋怨别人。

……

反思一下，上述现象在你的团队中是否存在，如果存在，而它们又得不到有效遏制的话，你的队伍就会慢慢垮掉。

对于员工的种种怠工和不作为，作为团队领导者的你也应该承担很大一部分责任。因为，在你的日常管理中，下属很可能被如此对待着：

工作不被认同，哪怕是取得了不凡的成绩，也不被重视。

下属提出的合理化建议不被重视，更不被采纳。

分配工作有失公平，分工不合理，职责不均。

[①] 孙宏：《基于模糊偏序的人力资源激励评估模型研究》，载《科技经济市场》2010年第11期。

下达的命令没有任何商量的余地,而且从不解释原因。

大家的工作权利得不到保障,业绩和功劳甚至被上司侵占。

待遇不公平,下属付出的劳动得不到相应的回报。

领导者对下属有的似乎只有挑剔,永远不满意。

……

如果这些描述和你以及你的员工一一吻合的话,那么你需要深刻反省了。

上面所提及的现象其实都可以追溯到一个源头——激励。是的,作为团队的领导者,你不善于激励,而下属得不到有效的激励,因此才生出了那些让你头大的问题与矛盾。

在工作团队中,激励不是一个可有可无的问题,而是一个随时要用到的问题,因为强烈的工作动力和工作热忱不是人人都有的,也不是随时随地都具备的。

如何才能争取到员工的热情、创造性、全身心投入呢?很简单,借助激励。

做好团队管理工作,要知道这样一个等式:工作绩效 = 个人能力 × 工作动力。

分析这个公式,在员工个人能力不变的前提下,要想提升他们的工作绩效,就要增加其工作动力,而工作动力的大小则取决于激励的有效程度。

"水激石则鸣,人激志则宏。"这就是激励的意义所在,它是用来缩短实际状况与渴望的理想状况差距的一种管理工具,能够引导他人以特定的方法朝着激励者设定的目标推进。

激励是一项重要的管理职能,也是一门高超的管理艺术,掌握了它,就能在人们心里点燃热情之火,激发出团队成员高昂的士气和潜在的战斗力。

激励本身会在团队成员身上产生诸多的积极效应。

第一,通过激励可以帮助员工成长,员工也能在激励中提高自信心,不断发挥潜力、施展能力,从而走向成功。

第二,激励员工可以体现团队领导者的基本领导素养,仅仅通过自上而下式的命令和行政权力并不能做好管理工作,做好管理工作的重点在于如何激发员工潜能,鼓励他们去为了共同的团队目标而奋斗,从这一点看,员工激励是团队领导者需要具备的基本管理能力，也是激发团队积极性的重要手段。

第三，激励员工可以树立领导者的个人威信，在员工心目中树立一种可亲、可敬的形象，觉得上级是值得信赖的人，这对于促进员工与领导者的沟通，促进工作的顺利完成有着积极的意义。

第四，激励员工可以创造一种互相鼓励、积极向上的团队氛围，同时也能体现出"以人为本"的团队管理理念。

赋能同激励有相似之处，又有不同，其区别主要表现在以下方面。

第一，未来的团队和创造者更需要赋能而不是激励。

如果说传统组织更多依靠激励来激发团队成员斗志的话，未来组织的成员将更需要赋能。例如，阿里巴巴就在践行这一理念，在搭建基于互联网商业模式的新型组织机构和组织形式时，首先替换的就是传统工业时代的公司架构和管理制度，因为未来组织成员更多是创造者，他们和传统的体力劳动者、一般知识劳动者有很大的不同，创造者最需要的不是激励，而是赋能。

第二，激励的关注点在个人，赋能强调组织设计和团队成员的互动。

激励更多是针对特定的团队成员，是针对个人，而赋能是建立在组织设计和团队成员互动基础之上的，赋能型团队，其组织内部的成员关联会更加紧密。对复杂社会网络的研究指出，人和人之间互动机制的设计对于团队的有效性可能远远大于对个体的激励。

第三，激励多在事后，赋能贯穿全过程。

传统激励偏向的是任务结束之后的利益分享和惩罚机制，而赋能强调的是贯穿团队成员工作的全过程，激发起团队创造者的兴趣和动力，提供合适的挑战，赋予其应对挑战的能力，激发出持续的创造热情和创造能力。

赋能型组织和团队更在乎过程，过程中每个节点做好了，结果自然不会太差。

三、赋能+授权

从词义上看,赋能即给予能力或能量。能力和能量从何而来?可以来自激励,也可以来自授权。

授权是现代管理最重要的组成部分,团队管理者永远不要幻想一个人独揽大局。一个不愿授权、什么都干的管理者,什么都干不好,也带不出赋能的团队。

团队管理者应该懂得和学会充分地利用部属的力量,充分地进行授权,以便更好地发挥团队协作的精神,这样不仅能使团队很快成熟起来,同时也能减轻自己的负担与压力。

2009年,《哈佛商业评论》中文版上的一篇名为《"海底捞"的管理智慧》的文章,让海底捞一时风靡全国,成为当时备受关注的企业案例之一。

海底捞管理模式有诸多值得借鉴之处,其中一条就是其授权机制。海底捞的大胆授权不仅表现在日常运营管理上,还体现在财权上。据了解,在海底捞,100万元以上支出的签字权由总经理负责;公司副总、财务总监、大区经理则有30万元至100万元支出范围内的签字权;大宗采购部部长、工程部部长和小区经理则拥有最高30万元的财务支出签字权;就连最基层的店长也拥有3万元的签字权。

除财务上的大胆授权外,海底捞还授予了一线员工充分的权限。例如,对于餐厅服务人员,只要他们觉得有必要,就可以决定赠送一个菜品,甚至能决定为顾客免单。

在这种授权模式下,有人担心员工会滥用手中的权力,随意为顾客免费加菜、免单,但事实上,这种现象并未出现。海底捞的一线员工都非常珍惜这种权力,非常珍惜公司对他们的信任,除非有必要,他们极少会利用这一权限,而是"好钢用在刀刃上",因为他们不想辜负公司的信任,也希望将手中的那份权力用好。因此,在授权时,要首先对员工进行"人性本善"的假设,即绝大多数员工会利用好授予他们的权限，而不会肆意乱为，即使有少部分员工出现滥用权力的现象，也不要放弃对大部分员工的授权，而应在充分授权的同时，配合相应的监督机制，将员工的权限限定在一定的范围内。

优秀团队管理者应该尽可能地进行充分授权，将那些不必由自己亲自完成的工作、员工能够做得更好的工作、自己没有时间去做的工作，果断地交给相应的员工，授权他们去完成。这样，领导才能从烦琐的细微工作中解脱出来，专注于领导职能，去处理更重要的事情，并有足够的时间去反思、去总结、去创新。

《三国志》中写道："事无巨细，亮皆专之。"说的是，诸葛亮对于蜀国国事，无论大小，都亲自过问，事必躬亲。

诸葛亮大可不"事必躬亲"，蜀国也可以称得上是人才济济，只不过诸葛亮没有合理授权，从而使得自己操劳过度、积劳成疾，最后"出师未捷身先死，长使英雄泪满襟"。

诸葛亮式的团队管理者不在少数，他们总是喜欢亲力亲为，不会适度授权，任务无论大小多少都往自己一个人身上扛，不知道分配任务给员工。其最终的下场很可能就是：一个人累死在"战场"上，还会被上级领导视为不能胜任。

授权其实并不难，简单来说，授权就是将决策的权力下放给你的下属。通常，当你遇到以下情况时，就可以考虑去授权了：

·当你认为某个员工的能力足够的时候。
·当你想提升某人或者想给他加担子的时候。
·当你的目的是调整进展良好的技术、管理以及领导工作的时候。
·当你发现需要增强员工实践经验的时候。
·当你希望员工有更大作为的时候。
·当你希望某个员工为团队乃至整个组织作出更大贡献的时候。

当出现上述情况的时候，就不要再犹豫，应该果断地对下属进行授权，授权不但可帮助员工成长，还能使你的管理效率变得更高。因为那些对你而言看似无聊的工作，对员工来说就未必如此，他们可能很愿意去做。以前你习惯将某项工作承担下来，如果需要将之授权出去的话，那么，你应该首先去指导员工该怎么做，这样才能提高团队的整体素质和执行能力。

授权一般包括以下三个要素。

第一，责任，即下属需要承担的具体工作责任。

第二，任务，即需要向下属授权的事项，也就是需要下属去完成的某项工作。

第三，权力，即授予下属相应的权力，使之能够顺利完成任务。下属为了完成某项工作所必需的相应权力，需要赋予他们。

授权三要素相辅相成，缺一不可——只有把握了以上三个要素，才能为一次成功的授权打好基础。

赋能授权是一个更大的概念，是更高维度的授权，是指整个团队已经实现了权力过渡，即已完成从传统的集权模式向赋能团队的分权模式过渡，这种模式下，团队成员不仅被授予了相应的权力，更重要的是也具备了使用某些权力、完成某些工作所对应的能力。

赋能授权，就是给他人赋予某种能力和能量，赋予团队成员额外的权力，赋能的形式就是赋予员工决策权以及完成决策事项的能力。通俗来讲就是——你本身不能，但我使你能。

赋能授权体现在以下两个方面。

第一，团队整体具有较强的决策权，在组织中具有较高的地位和独立性，能够自主决定大部分团队事务。

第二，团队成员也拥有了传统团队成员所不具备的权限，能够对个人工作具备很大的支配权。

比如，在餐饮行业，一线员工往往没有免单的权力，即使遇到某些突发状况需要免单，也需要向上级请示，被允许后才能行使免单的权限。而在有赋能授权的行业，一线员工无须请示上级，就拥有了相应的免单权限，完全可以自己做主。

赋能授权给团队员工的时候，需要注意以下问题。

第一，授权要有监督、有约束，在授权的同时，将监督机制和约束机制传达给员工。

第二，让员工掌握必要的技能和资源，以支撑他们更好地发挥权限、完成工作。

第三，团队成员要互相尊重，互相帮助，勠力同心，为团队共同目标而奋斗。

四、团队管理的精髓，赋能而不是管控

人力资源是企业组织的中流砥柱和核心资源，是维系竞争优势的核心力量。团队管理的一切问题，归根结底都是人的问题，所有的管理工作都要围绕人来开展。管理就是通过别人来达成工作目的，管理之道唯在选人、用人与管人，人才是事业之根本。

"使众人行"，怎样选人、用人和管人，是各级团队管理人员的一项重要任务。当然，选人、用人与管人的学问是博大精深、奥妙无穷的。团队管理者是否具备一流的领导力，不在于拥有多少资源，而在于能利用多少资源，整合多少资源，要善于用人，善于借人之力。

衡量一个管理者是否称职、是否优秀，标准之一并不是管理者做了多少具体事务，而是其能够在多大程度上发动众人的力量，使众人行，因为个人的力量非常有限，即使个人能力再强，也难以完成伟大的工作，只有团队合力才是战无不胜的。

因此，管理者最大的职能是"使众人行"，是去发动下属、团队做事，激发出团队的合力。

如何最大限度地"使众人行"？需要理解管理的真谛所在。"管理"一词，容易让人联想到"管控""上下级对立""监督"等，然而，管理者的任务不是"管理"人，而是"引导"人。人员管理的目标就是让每一个人的长处和知识发挥作用。

什么是管控型团队？其突出特征为：团队组织架构复杂，等级森严，基层员工需要层层向上汇报。"官大一级压死人"，上级的威严不容挑战，每一级管理者对下属员工都有很强的控制欲望，团队有系统化的 KPI 考核制度和考核指

标，团队内部的沟通多是为了管控而管控的会议、汇报等。管控型团队会给员工一种无形的压力，甚至是枷锁，会挫伤那些具备较强创造力、主动性员工的积极性。

管控型团队也并非一无是处，在一些传统组织管理上，比如，劳动密集型的制造业等领域，就需要借助严格的规章制度来进行管控，以实现工作的流程化和组织的正常运转。

赋能型团队旨在为创造型员工提供更为宽松的工作环境，使其拥有充分施展潜能的舞台、权限和能力，管理不再是依靠上级的严格监控和机械的任务分配，而是依据员工的工作性质、能力、专长、兴趣和团队需求等进行灵活的任务分配，充分激发个体潜能，实现个体崛起，团队绩效的倍增也会随之而来。

赋能型团队中，上下级的关系也会被重新定位，上行下效的指令会减少，平等的沟通与对话会增加，上下级的界限变得越来越模糊，上司的"威严"可以被挑战。团队中，优秀的人相互吸引，自发组队，形成业务攻坚的小单元，团队成员更愿意从事挑战性的工作，获得荣誉感和成就感，同时，合理的团队利益分配机制也能使其分享到足够多的利益。

团队管理者的最大任务不是对人的控制，而是最大限度地对团队成员进行赋能，发挥人的能力，挖掘员工内在的力量和智慧，激发员工的工作动机和参与感，唤起他们的工作激情和欲望。

一旦从这个视角审视管理工作，就不难发现，团队管理的精髓不是控制，而是赋能，是为了释放，释放员工的工作热情，激发员工的工作欲望。

五、要想赋能别人，首先赋能自己

团队管理者，若想赋能别人，首先要赋能自己。不能充分"自我赋能"的管理者，怎么可能实现团队成员的赋能？

管理者如何实现自我赋能？主要是通过言行、态度、环境的改变，给予别人正能量。管理者自身的言行、态度和习惯的改变，正是团队成员赋能的起点。大多数情况下，如果团队领导者都无法实现自我赋能，如果大量的管理者仍停留在过去的管理风格中，妄谈团队赋能和员工赋能，简直就是异想天开，那只不过是一场追逐流行的自我欺骗罢了。

团队管理者，赋能别人的前提是充分的自我赋能——自我认知、自我管理、自我学习、自我超越。

1. 自我认知

歌德有一句名言："一个目光敏锐、见识深刻的人，倘又能承认自己有局限性，那他离完人就不远了。"管理者若有自知之明，就能明是非，察事理，明清浊，知进退；有了自知，就可减少管理工作的盲目性，正确对待输赢得失；能够做到心怀坦荡，不戚戚于贫贱，不汲汲于富贵；就能不怨天尤人，不苟求妄想；不盲目攀比，不自惭形秽。

管理者的自知主要表现在以下几方面。

第一，明确自己的角色认知

团队管理者通常有以下几种角色认知。

角色认知一：作为下属。下属角色的关键点在于，信息反馈要做到准确及时，既不能始终保持"原汁原味"，也不能借转述之机过于"添油加醋"。当然，最高层领导是没有这一角色的。

角色认知二：作为上司。关键是要处理好厚薄亲疏，冷静坦然，做到公平、公正、立场坚定。

角色认知三：作为同事。跟同级别领导者相处，关键要做到配合默契，争中有让，推功揽过，多做一些交叉性的边缘工作、纠缠性的事务性工作、棘手的工作。

管理者要做好角色定位，要注意避免缺位、越位、错位和不到位。

第二，自我优劣势分析

认清自己，是为了更好地管理自己。管理者要善于分析总结自己的优势、擅长领域，如此才能摸索总结出适合自己的管理方式和行为方式。

人的个性各不相同，做事方式也不同，形成的领导方式也不同。比如，有的人做事雷厉风行，这样的管理者就需要用详细的计划来约束和支撑自己，以免跑得太快，坠入悬崖；有的人则比较保守，行事谨慎，这样的管理者就应该多亲临生产一线和市场前端，感受紧张的节奏和激烈的竞争，以提升自己的胆识和魄力。

同样作为管理者，有人善于倾听，有人则喜欢表达，让别人来倾听自己。喜欢听的管理者，在施展自己的领导力时，可多采用下属汇报、自己评判的方式；喜欢表达的管理者，管理下属时，可多做语言上的沟通，在沟通中发现问题，即使让下属汇报，也应多采取语言汇报的方式。

所以说，管理方式和领导方式是因个人的性格不同而变换的，每个人都有自己的个性特征，不必刻意模仿某种管理模式，而应根据自身情况形成自己的管理风格。要做到这一点，须先做好自我能力的优劣势分析。

第三，确保领导行为和价值观的匹配

吉姆·柯林斯在《从优秀到卓越》一书中提到一个"二元性现象"，它是关于那些"五星级领导者"的，在笔者看来，这些人往往既任性无畏又谦逊，既脆弱又强大，是一个矛盾体。

在笔者看来，这种"二元性现象"并不完全是一个好现象，它有时会导致领导者产生双重价值观。比如，某领导者的行为暗示着某一种价值观，但他心里内在价值观却与暗示出来的价值观相矛盾，这种矛盾会让下属无所适从。

管理者要厘清这一乱象，确保领导行为和价值观相匹配。这又涉及领导者价值观输出的问题，事实上，能够完美地输出正确的价值观，是成就一个"精神领袖"型领导者的必由之路。

作为一个组织或团队的带头人，价值观的输出能够有助于在团队内形成一种良性的文化氛围。这事实上是一个上下价值观逐渐趋同的过程，只有上下形成了一致的价值观，领导关系才能经受住时间的考验，这种被共同价值观所支配的组织与团队才能具备更强的内驱力。

2. 自我管理

伟大不是管理别人，而是管理自己。领导力大师麦克斯威尔也从三个角度来说明领导和管理自我是多么重要：[①]

如果我不能领导和管理自己，别人就不会跟随我。

如果我不能领导和管理自己，别人就不会尊重我。

如果我不能领导和管理自己，别人就不会与我合作。

团队领导者如果连自己都管理不好，也就失去了领导别人的资格与能力。

3. 自我学习

团队管理者的学习提升，包含两个层次。

第一，学习自己所在团队相关的专业知识。比如，你如果是财务主管，就应该学习财会专业知识；你如果是生产经理，就应该去学习生产管理方面的专业知识；你如果是市场经理，就应该不断去学习市场推广和营销方面的专业知识等。

第二，学习相应的管理技能，主要是指团队建设、人员管理等方面的知识。具备了相应管理职能部门的专业知识，只是给了你一块进入管理岗位的敲门砖，精通管理技能，才能真正胜任。

4. 自我超越

自我超越是指在充分认清自己现状的基础上，不断突破个人发展的瓶颈和天花板。补齐短板，实现终身学习、终身修炼，不断精进，才能实现自我超越。

[①] 初笑钢：《伟大就是管理自己》，载《现代企业教育》2013年第7期。

六、赋能的误区

回到团队管理者的角度，在员工赋能层面，往往存在以下认知上的误区。

1. 赋能是团队内部的问题

团队赋能从来都不是单纯的小团队管理问题，也不仅仅是团队内部的独立问题，它离不开企业组织的支持和企业文化氛围的熏陶。

举例来说，在传统的以科层制为特征、以管理为核心、以胡萝卜加大棒为驱动力的企业组织中，任何依附于其中的小团队，都是难以实现真正意义上的团队赋能的，团队赋能需要建立在深刻的组织变革和组织架构的优化升级基础之上。

同样，团队赋能也更依赖开放性的企业文化，只有开放宽松的企业文化，才能让志同道合的创造者走到一起，本质上他们都是自驱动的、自组织的、自激励的，不仅更容易被赋能，而且能够在不同程度上为下属、同伴甚至为上级赋能。

2. 谁都可以被赋能

有为数不少的团队领导者，一说赋能，往往不区分对象，不区分个体差异和所处阶段，不分轻重缓急，立马全员推进。结果就会让那些缺乏能力、经验和心理准备的员工变得手足无措，无所适从，会让团队放任自流，得不偿失。

赋能不能"一刀切"，给团队成员赋能，首先要找到值得托付的"能赋者"。举个例子，通常的管理理论认为一个管理者的管理半径不应该超过7人，即向管理者汇报的直接下属不应超过7人，而有的公司的一些新型工作团队中，向团队领导者直接汇报的成员经常是20多人，甚至能超过30人、40人。这种小团队就是充分赋能型团队，而团队领导者之所以能突破传统管理理论而管辖更多的下属，除具备更先进的组织架构和更开放的文化氛围外，还和这些团队拥有一大批具有自驱力、自激励能力的创造型员工密不可分，他们是最佳的"能赋者"，可以被团队领导者充分赋能，团队成员的内心能量也能得到充分的激发，这是团队赋能的理想状态。

通常，对下属的赋能发生在下列时刻：

当你认为下属足够优秀时。

当你希望下属作出更多贡献时。

当你希望下属的潜能得到更大发挥时。

当你希望为下属压担子时。

3.赋能者的认知误区

团队管理者充当着团队主要的赋能者角色，实践中存在于团队管理者身上的赋能认知误区主要有：

·怀疑下属的能力。在需要赋能时，有不少自以为是的管理者，总是担心下属并不具备被赋能的条件，即他们不能够自如地运用手中的权力，也不具备进行正确决策的能力，觉得与其赋能给下属，还不如亲自解决。

·不愿培养团队成员。有些管理者片面地认为自己的职责只是负责团队管理，至于团队成员的发展和成长，则是他们个人的事情，或者是组织层面的事情，自己并没有义务去培养团队成员。

·认为别人都习惯推脱责任。在管理者的眼里，只有在领导的命令和监督下，下属才能更好地完成工作。一旦对他们进行授权和赋能，让他们对自己的工作和行为负责时，他们可能就会放任自流，推卸责任，进而惹下乱子，最终还得自己出面去化解，徒增麻烦。

·不愿意分享自己的权力。一些视权力如命、管控欲望强大的管理者，不愿意同人分享权力，更不愿意向下属分权，认为这会削弱他们的领导权威，失去对下属的控制。

·担心下属会将事情搞砸。这种担心看上去是正常的，因为不少员工没有经验或者能力欠佳。

·害怕承担授权失败的风险。授权有可能成功，也有可能招致失败。正是由于对授权失败的担心,某些管理者不愿意去授权、去赋能员工。因为,一旦授权失败,他们作为团队的第一责任人,往往难辞其咎。与其如此,还不如不去授权,这样尽管不会有大的成就,但起码也不会给自己带来风险和麻烦。这种担心让那些追求四平八稳的管理者往往不愿赋能。

·担心任务失控。控制欲强的管理者最怕失控,担心授权后的任务脱离自己的掌控,更担心下属无法完成任务而牵连到自身。很多管理者之所以对授权特别敏感,是因为担心授权后自己不能对相关任务进行有效监控,如果任务因此而无法完成的话,最终还是自己的责任。

·不愿意自己的地位受到威胁。管理者不仅会担心获得授权后的员工会失去控制,而且会担心他们的"翅膀越来越硬",发展到一定程度就会架空自己,威胁自己的团队领导地位,甚至会导致自己失去"官职"。

·天生喜欢亲自动手。喜欢亲自动手的领导多是事必躬亲型管理者,他们是授权的最大障碍和绊脚石。一方面,在他们的固有思维里不相信员工能够独立自主地完成任务;另一方面,即使员工能完成,他们也相信自己亲自去做将做得更完美。这种思维模式,当然不会产生授权的实际行动。

须知,时代从不给任何一个团队和个人持续躺赢的机会,在赋能成为时代变革主题的当下,团队领导者也要与时俱进地做好观念转变,向赋能型领导者转型,敢于授权,善于赋能。

不懂得赋能者,会导致团队中优秀人才的能力得不到充分施展,无法发挥团队合力,很难往正确的方向努力奋斗,团队战斗力会大打折扣。如果团队主管事必躬亲,那就是对下属工作的不信任,下属进而也就没有了施展个人才干的空间,显然不利于其主观能动性的发挥,也不利于团队合力的发挥。

一个团队最大的不幸是什么?不是产品滞销,不是竞争对手强大,也不是市场萎靡,而是"有才不知、知而不任、任而不用"。

第二章　学会系统思考，赋能是一项系统工程

团队赋能，不只是团队领导的事情，也不仅仅是团队内部的事情，它是一项复杂的系统工程，需要具备系统思维，它是由团队成员、企业价值观、制度、流程、工作配合机制等多个要素共同构成的一个整体。

系统思维可以帮助寻找和抓住团队赋能中的主要矛盾，从而聚焦高杠杆作用领域，找到团队赋能的"高杠杆解"。

一、赋能是一项系统工程，学会系统思考

团队赋能是依托团队的系统工程，需进行系统思考。所谓系统，举个通俗的例子：你原本在大城市工作，跟同事在工作上有着极高的默契。后来，由于大城市压力太大，你不得不回到家乡工作，尽管领导对你很重视，下属也很敬畏你，但是你未必能找回当初那种团队配合起来如鱼得水、得心应手的感觉。

为什么？系统变了，一线城市的大公司有着高效且配合完美的团队系统，而到了小城市，这种团队默契度很可能会由于种种因素（观念的因素、领导的因素、市场竞争的因素、人员素质的因素等）而大打折扣。

这就是团队系统的重要作用。

瑞·达利欧是畅销书《原则》一书的作者，也是桥水公司的创始人。在桥水公司，大家不讲领导力，也不看个人能力，这家公司看重的是什么？是原则，是系统，在桥水公司的系统下，所有人都可以被替代。

如果用一句话来总结系统之于团队的重要性，就是：三流团队靠明星（个

别表现亮眼的明星式员工），二流团队靠领导（力），一流团队靠系统。

"系统"一词来源于古希腊语，是由部分构成整体的意思。从系统理论的视角来看，整个世界都是由各种各样的系统构成，致力于发展系统工程和提高系统工程师的专业地位的系统工程国际委员会（INCOSE）为"系统"下的定义是：系统是一个为达到预定目的而形成并由相互协调要素构成的集合体，这些要素包括产品（硬件、软件、固件）、流程、人员、信息、技术、设施、服务，以及其他支持元素（协议、规则、信息机制等）。由此可见，除非特指，我们通常所讲的系统都是人工系统，企业组织中的团队是典型的人工系统。

团队系统是由相互联系、相互作用的要素构成并形成产出，系统具有开放性、动态性、层次性，内部有信息产生及信息传导机制，它通常包含多个子系统，同所处环境互相作用并以此来影响利益相关者，当然，系统也是有边界的。

在麦肯锡咨询公司构建的团队（组织）系统7S模型中，包含7个要素：战略（strategy）、结构（structure）、制度（system）、员工（staff）、技能（skills）、风格（style）、共同的价值观（shared values）。该模型中，战略、结构和制度3个要素被认为是团队（组织）成功的"硬件要素"，而员工、技能、风格和共同价值观4个要素则被认为是团队（组织）成功的"软件要素"，对团队（组织）系统而言，"软件要素"和"硬件要素"同等重要，两手都要抓，两手都要硬。

所谓团队系统，简单而言，即驱动团队高效运转的一套内在机制，它是由团队成员、价值观、制度、流程、工作配合机制等多个要素共同构成的一个整体。

每个团队都是一个系统，团队赋能也属于系统问题，需要具备系统思维。系统思维是团队领导者和团队成员的一项长期必修课，学会系统思考，有助于团队充分赋能。

系统思维可以帮助寻找和抓住团队赋能中的主要矛盾，从而聚焦高杠杆作用领域，找到团队赋能的"高杠杆解"，有所为有所不为，将有限的资源和人力用在刀刃上，提高资源利用效率。

相反，如果缺乏团队赋能的系统思维，则很容易按下葫芦浮起瓢；只顾眼前，忽略长远；头痛医头、脚痛医脚；只见树木，不见森林；只看现象，不见本质。

只有系统思维，才能抓住团队的整体，才能抓住团队的关键点和要害，只有进行系统思考，才能在一定的原则基础上灵活地处理各种团队事务，赋能团队的工作才得以顺利开展。

团队领导者要养成系统思考的习惯，要认识、理解"团队系统"这个概念。要学会整体思考、动态思考和本质思考。

1. 学会整体思考

整体性是系统思维方式的基本特征，要进行整体思考，避免割裂式、片段式思考。

举例来说，某产品的生产流程由 10 个工序组成，每个工序都进行了精心的调试，可靠率都能达到 99%，一般人看来已经近乎完美。但从系统思考的整体性要素来考量的话，却存在很大的缺陷，因为流程涉及 10 个工序，就是 10 个 99% 相乘，最后的结果只有 90% 左右，这个数据才是整个生产流程的可靠性。

这个例子告诉我们：一个企业组织、一个团队、一个员工，不能仅仅看到自己负责的流程、工序和工作，而应从整体着眼，学会整体思考，多考虑自己所处的位置同整个团队乃至整个组织有什么重要的关联，会产生什么重大影响。

2. 学会动态思考

任何团队系统都不是一成不变的。不论是从内部看，还是从外部看，团队都是一个动态的系统。对外，它要时刻保持与其他平行关联部门和整个市场的信息交流与合作。对内，它无时无刻不在对人、财、物进行调配、重组，要么是生产某项产品，要么是实施某项服务，所有这些工作都是在动态变化的。

3. 学会本质思考

面对团队中的人、财、物，面对团队中不断变化的新情况、新问题，我们要透过现象抓住本质，抓住问题的关键，才能做到以不变应万变，才能防微杜渐，将各种可能出现的问题化解在萌芽中。

二、赋能型组织的架构特征

未来，扁平化、去中心化的赋能型组织将会成为主流，有助于团队成员更顺畅地连接、组合、协同、共创。

新的赋能型组织会有四个重要的架构特征。

1. 扁平化

扁平化，是相对传统组织的多层级组织架构而言的，即管理层级大大缩减，典型的如小米，其公司组织架构只有三层（见图2-1），而且不会让团队太大，团队稍微大一点就会拆分成小团队。

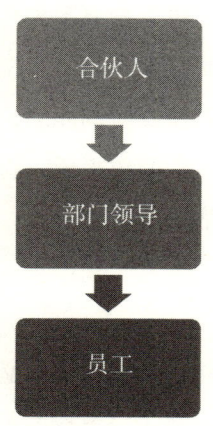

图2-1 扁平化的组织结构

扁平化的组织结构能够有效对抗多层级组织所导致的信息衰减与扭曲，而且组织越扁平，信息流通的速度越快、透明度越大，组织活跃度和创新能力越高，越能实现高产出。

2. 去中心化

传统型组织和团队，通常只有一个中心，即组织、团队最高领导者，多采取自上而下的领导方式。而赋能型团队则有多个控制中心，团队成员只要有能力，就可以发起成立小团队，成为小团队的中心。去中心化是将一个中心变为多个控制中心，去中心化要避免两个极端现象：第一，完全去中心化，即没有了中心；第二，人人都成为中心，也等于没有了中心。

去中心化组织中的权威也会由中心化组织的自上而下式的单一的行政命令型权威，进化为分布式、多层次的权威架构。

去中心化之后的小中心即赋能中心，是把员工的自主权还给员工，让他们自组织、自管理、自驱动、自激励。

3. "区域"观念——自组织

赋能组织团队成员，需要建立"区域"观念，这里所讲的"区域"包含传统的岗位职责的内容，但不仅限于此。自组织成员并没有明确和固定的角色与分工，团队成员需要是多面手，可以扮演多种角色。在自组织团队中，一个人的角色可能是多重的，所负责的区域也更广，进而就需要具备多种工作技能，特殊时刻还需要具备领导能力和组织协调能力，甚至可以成为一个中心来调动团队内的资源去达成自己的目标。简单来说，自组织团队的成员需要具备跨界能力，尽可能地扩大自己的职能区域。

4. 强大的后台支持系统

赋能型组织团队中，权力将向一线下沉，必然涉及组织机构功能的调整和权力的再分配。同时，一线具有自主决策权的灵活小团队也更需要组织强大后台系统的支持。

因为，下放权力不是无条件地下放，更不能做甩手掌柜，不能一刀切地将所有事情都交给一线人员处理。团队、组织后台必须在充分下放权力的前提下，发挥好支持、服务、监控这三大功能。

赋能型组织中，每一个成员都能清楚地知道后台系统和其他平台参与者的情况与所能提供的配合与支持，最终实现同组织成员的共同迭代。

三、认知同频，上下同欲

组织赋能的一个前提条件是组织、团队、个体之间的相互作用、相互统一。个体不断打开自我认知并自我完善，才能推动组织的发展；而组织成长也会反向驱动个体成长，同时有能力吸引更多理念同频的优秀人员，彼此成就。

组织同其成员之间要实现认知同频、上下同欲，实现组织发展过程中的一致性和可持续性，赋能型组织需要找到与企业愿景同频的核心成员。

《孙子兵法》称："上下同欲者胜。"军队战斗力强不强，企业绩效好不好，很大程度上取决于上下之间有没有共同目标和认知，有没有共同的行动欲望，能不能团结一心，步调一致。上下同心同德则无往而不胜，上下离心离德则是一盘散沙，不攻自破。

认知同频、上下同欲，需要遵循组织的愿景、共同目标和业务逻辑等层面上的统一。

1. 上下同欲

好的管理者都是"造梦大师"，擅长从公司愿景层面对员工进行激励，让员工对美好的公司前景深信不疑，并能激发起内在的欲望之火和奋斗动力，一往无前地为共同的愿景而拼搏。

管理大师德鲁克认为企业要思考三个问题：

第一个问题，我们的企业是什么？

第二个问题，我们的企业将是什么？

第三个问题，我们的企业应该是什么？

其实，德鲁克所提出的这三个问题，集中起来体现的恰恰就是一个企业的愿景，也就是说企业愿景需要对以下三个问题作出回答：

第一，我们要到哪里去？

第二，我们的未来是什么样的？

第三，我们的目标是什么？

愿景是所有组织成员希望达到并愿意永远为之奋斗的图景，它是一种意愿的表达，愿景体现了组织的未来目标、使命及核心价值。

从整个企业组织的层面而言，愿景是指企业更高层次的追求，不是一朝一夕就可以完成的，正因如此，将愿景进行分解、传达，让员工接受、认同，就更显其必要性，使之同每一个组织成员息息相关，才能真正做到上下同欲。

如何分解、传达愿景呢？需要注意以下几点。

其一，按组织内部不同的层级分解。企业组织不同层级的群体，如高层、中层、基层员工，其利益点和关注点都是不同的，对组织愿景的理解和接纳程度也截然不同。因此，在分解、传达组织愿景时，就要结合各个层级的具体情况，去寻找求同存异的契合点。就团队管理者而言，应该结合团队的实际情况，对企业愿景进行分解，并将之融合到每一名员工的具体工作和个人愿望中。

其二，按不同的阶段分解目标。企业愿景通常是比较长远的目标，很难在一朝一夕之间达成。因此，为了让员工感觉到目标的可实现性，看到目标达成的希望，就需要对目标进行阶段性分解，在不同的阶段去达成不同的任务。

其三，找到愿景的支撑点。企业组织的愿景需要支撑点，管理者要将企业愿景具体化为团队愿景。比如，一个售后服务团队，如果将自己的愿景定位为"员工心情舒畅、充满活力地在为用户创造价值的同时，体现出自身的价值"，那么在这一愿景的背后，就存在为客户提供优质服务、员工自我价值的实现等服务理念和人才理念的支撑点，这些支撑点才是实现团队愿景的关键。

2. 共同目标

上下同欲者胜。在一个组织里，大家的心态、观念、能力都不一致，正所谓"百人百心"，作为团队领导者，要将"百人百心"凝聚到一根绳上，形成团队合力。

科学合理的组织、团队目标能够实现组织目标和个人目标的有机统一。如果仅仅有组织的目标而忽视组织成员的个体需求，这个组织依然不会有很高的绩效。

构建共同的奋斗目标，要求管理者做到以人为本。也就是要求管理者不仅要重视整个组织和团队目标的实现，同时要充分尊重团队成员的个人诉求和个人目标，将团队成员的个人目标统一到团队目标中，实现团队目标与个人目标的和谐统一。

3. 业务逻辑、工作思路统一

组织愿景、目标确定后，就要确定具体的业务逻辑，即如何开拓市场，如何开展业务。确定业务逻辑之后，才能集中组织人力物力，集中优势资源，在市场上进行重点突破。有了可供执行的业务逻辑，还要确保执行到位，避免信息传递中的阻滞与失真，同时也要保证执行思路的统一，避免各自为政，要保证充分的协同与配合，做到信息共享、优势互补、扬长避短，上下同欲者胜的局面才会出现。

四、组织权力下放，自上而下赋能

在传统组织中，权力主要由各级管理者所把控，层级越高，权力也就越大。组织的决策和命令按照管理层级自上而下进行驱动。

在赋能型组织中，对业务、市场、技术越来越专业的员工，其能量变得越来越强，进而其决策和行动对团队、组织的发展也越发重要，因此，组织权力也应适当下沉,让"听得见炮火的人"来进行决策,来呼唤炮火,从而将基层员工的力量释放出来。

组织权力下放,自上而下赋能的核心原则是减少自上而下的管控,让组织权力逐级下沉,让员工拥有更多的权力和能力,获得更多的决策、行动的自主空间。

1. 权力下放的步骤

如何才能做到有效的权力下放和赋能呢?这是每一个组织管理者都关心的问题,具体可通过以下几个步骤(见表2-1)。

表2-1 权力下放的步骤

步 骤	实 操
第一步:责任分解	授权的第一步为责任分解,即明确授权的事项及范围,明确授权后的各方责任。责任分解要做到权责对等,不能只有权力下放,而无责任分摊
第二步:权力授予	权力授予要当面进行,即由授权者和受权者面对面交流,沟通授权事宜,达成共识
第三步:检查与追踪	没有检查就谈不上真正意义上的授权,授权不是一授了之、授后不管,授权者在授权后务必做好对受权者的检查与追踪,以评估授权效果,形成权力的保证体系和闭环系统。而且,这种检查与追踪,要动真格,不能流于形式,否则就会失去授权的意义
第四步:终止与评估	权力下放完成以后,还要对授权过程进行认真的评估与总结,需要授权者和受权者共同进行,总结经验,吸取教训,查缺补漏,以便下次授权活动能够开展得更理想

2. 权力下放的注意事项

权力下放,避免以下问题。

(1)虚假授权

所谓虚假授权,即授权只有其名,而无其实,主要表现在以下方面。

第一，授权后仍然插手具体工作。管理者在授权后，由于担心下属做不好，或者是单纯的控制欲作祟，还会频繁地插手授权事务，让下属无所适从。

第二，授权后控制过多。有些管理者，在授权后会要求受权者事无巨细，都必须向自己汇报，受权者几乎没有任何独立自主的工作空间，导致授权名存实亡。

第三，没有正式的授权文件。有些授权，只是授权者对受权者的口头面授，而无任何书面的证明材料，这样，一旦出现问题，上级领导就可以名正言顺地推卸责任。

（2）受权者不合适

授权的前提是能授，即要将权限授予合适的受权者，否则，如果授权给不合适的人，只会弄巧成拙。总体上看，授权的好处要大于不授权，但前提是要授权给合适的人，否则，还不如不授权。

不合适的受权者，有以下表现。

第一，受权者对授权本身不感兴趣。授权从某种意义上讲也是一种双向选择，授权者要有授权的意愿，同时受权者也要有接受授权的兴趣，如果受权者对相应的工作和任务根本没有兴趣，那么即使勉强授予其权限，受权者心里也会出现抵触情绪，甚至会消极怠工，授权也就很难取得预期效果。

第二，员工暂时没有达到授权的工作或岗位的要求，这一点不难理解，也就是员工没有能力承担相应的责任，也用不好手中被授予的权限。

第三，授权的员工对授权的工作或岗位一窍不通，这也会在很大程度上制约授权的效果。

（3）授权过度

授权，不能从一个极端走向另一个极端，由不授权到彻底授权，即过度授权，将应当授权、不应当授权的权限一股脑授出去。这种过度授权，一方面会从实质上弱化授权者的领导力；另一方面也会让受权者无所适从，"不堪重负"，导致物极必反，会产生一系列恶果。授权，应把握好分寸与尺度，根据团队的实际情况，循序渐进，同时还要做到能放能收，收放自如。

3. 进行授权控制

授权不是弃权、撒手不管，要配合行之有效的控制手段。

（1）汇报制度

授权后要建立定期汇报制度，即受权者要将任务完成的关键节点以书面形式或口头形式向授权者进行汇报，汇报不必做到事无巨细、面面俱到，但应当让授权者了解工作的大致方向和进度。

（2）奖惩措施

授权控制要配合相应的奖惩措施，效果才会更佳，对于授权过程中的良好表现，授权者要给予相应的口头表扬或物质奖励。如果受权者在工作中出现了重大的失误或偏差，则应给予相应的惩处，并及时予以纠正。

五、转换领导方式，重塑与员工的关系

赋能团队中，管理者不仅要学会系统思考，进行充分的授权和权力下放，还需要重新做好个人定位，适时转变领导方式。

1. 不做权力中心，做动力中心

伴随团队权力的下放，团队管理者要致力于使自己成为团队的动力中心，成为激发团队激情和团队绩效提升的发动机。

要让下属动力十足，可以从以下几个方面入手。

第一，向他们描绘远景。其目的是让下属了解团队工作的整体计划和发展前景。通常，员工越能够了解到团队工作计划的全貌，就具备越高的工作动力和积极性。

第二，授予他们权力。授予不仅仅是"封官任命"，领导者在向下属分派工作时，也要授予他们权力，这样能给他们一种"独挑大梁"的责任感。

第三，培养团队精神，团队的力量是无穷的，精神的力量是不可战胜的，

用团队精神来统一大家的思想和行动，能收到事半功倍之效。

第四，设立团队总目标和个人目标。团队总目标能让员工心潮澎湃，个人目标则会让他们脚踏实地。

第五，活用各种激励措施。只要你有心，你就会发现可供自己使用的激励方法有很多，而且激励手段未必都是物质性激励，通过非物质性激励措施同样能收到良好的激励效果。比如，当面提出表扬、授予各种团队荣誉称号、减少指责与批评、创造和谐的团队工作氛围等。总之，一句话，管理者应该置身自己的岗位，在自己的职责范围内去积极发掘一些可以拿来为我所用的激励措施。比如：

· 不断认可员工的工作。杰克·韦尔奇说："我的经营理论是要让每个人都能感觉到自己的贡献，这种贡献看得见、摸得着，还能数得清。"[1] 因此，当员工圆满地完成了某项任务时，作为上级要不吝赞美，对其工作上取得的成绩要予以充分的认可与肯定，尽可能地给予当面认可、表扬。一方面，这能够满足员工的荣誉感；另一方面，这也能对其他员工产生示范效应和激励作用。

· 善于给员工戴高帽子。所谓戴高帽子，就是给予表现突出的员工各种荣誉称号，一方面表达对其卓越表现的认可；另一方面能够将他们同其他员工区分开来，从而进一步提高其工作激情。

· 进行"一对一"的指导。管理者的亲身指导是一种很实用的激励方法，如果你给予员工"一对一"的当面指导，就不仅能帮助员工提升工作技巧，更代表你重视他、关心他。

· 多组织员工集体活动。团队集体活动是团队成员增进了解和加深感情的有效途径，不仅能够提高团队配合的默契度，还可以有效增强成员的凝聚力和归属感，有助于塑造积极向上的团队精神，这种团队氛围对员工本身就是一种吸引，一种激励。诱导比强迫的效果好。管理者应该更多地利用诱导的激励方式去对待员工，这比一些强制性手段要好得多。

---

[1] 丁路遥：《高段位的 HR，永远把"人"放在首位》，https://business.linkedin.com/zh-cn/talent-solutions/talent-blog/hr-people-first，最后访问日期：2023 年 10 月 17 日。

2. 将例行事项充分放权，只管例外

管理大师泰勒曾提出了著名的"例外管理"。所谓例外管理，其基本含义是：管理者应将日常工作中的常规事项、例行事项、约定俗成的事项，尽可能实现流程化、标准化运作，并充分放权，让下属按标准、按流程去执行即可，但管理者要保留监督权。管理者应从上述例行事务中抽身出来，专注处理那些日常工作之外的、流程之外的、突发的事件，即"管例外"，这样才能集中精力专注于管理职能和领导职能，从而提高团队整体的工作效能。简单来讲，团队管理者要实现充分赋能和放权，将团队日常事务交给相应岗位的团队成员去处理，管理者只保留一些重大事项的决策权、人事权和监督权。

有这样一个典故：

汉代有一位名叫丙吉的宰相。一天，他外出巡视，先是看到一起杀人案，但他并没有理会，也没去过问。后来，他又发现一头牛在路边气喘吁吁个不停，他却立即让随从停了下来，找附近的农夫去了解事情的原委。

左右的人看了感觉很奇怪，问他为什么放着人命关天的大事不去关注，却去了解一些鸡毛蒜皮的小事。丙吉说："路上出现杀人命案，当地的官员自然会过问，当然就不需要我管。而牛表现异常，说明此地很有可能出现了瘟疫或是其他反常的有关民间疾苦的问题，这些问题地方官员如果不深入基层，很难第一时间发现，所以，我要去问个明白。"

这个典故是耐人寻味的，那起"杀人命案"我们可以视之为例行事件，而牛喘气不已则是一个例外事件。事实上，丙吉的行为与泰勒所言的例外管理是相同的道理。因为，杀人案件虽然很重大，但地方上已经有了成熟的处理机制和应对流程，并不需要宰相去亲自过问。而牛的异常反应，地方上却不一定有足够的流程化的反馈机制和应急预案，如果视而不见，就有可能招致严重的后果，因此，丙吉才对之非常重视。从这一点来看，丙吉确实不愧是一名贤相，也是一名卓越的领导者，他深知领导力的关键在何处。

所以说，管理不同于其他工作，并不是做得越多、管得越多越好，管理的关键是抓好两件事——违规和例外。不论身处什么管理岗位，如果你感觉自己管得越来越多了，那就说明你的管理出问题了，管理越多，资源配置的效率和管理效率就会越低，最高水平的管理是少管、只管例外。

3. 让自己无为，让团队有为

对团队管理者而言，"团队赋能""无为而治"这样的字眼有着非凡的吸引力。团队管理者，经常会被日常琐碎的管理工作搞得焦头烂额。这时，如果有人告诉你，你每天这么努力，这么忙碌，团队看起来还是一团糟，恰恰是因为你对团队干预太多、作为太多。你要学会放手，学会无为而治，打造赋能团队、团队系统，让系统支撑团队自动运转。

问题是如何完成这种转变，如何把握"无为而治"与"撒手不管"之间的尺度，如何发挥自己的领导力。

我们讲过："三流团队靠明星（个别表现亮眼的明星式员工），二流团队靠领导（力），一流团队靠系统。"其实，一流团队同样不容忽视领导力的作用，系统背后需要领导力作为支撑，尤其是团队领导者的领导能力。而且，自组织也不是无组织，无组织就是一盘散沙，自组织需要更高明的领导力。它们都指向一个共同的关键词——"无为而治"。

无为而治，简单来说就是有所为有所不为，重点在于把握好何处当为，何处当不为。无为而治对领导者的特殊意义在于它的有效而无形、有序而无压迫、和谐而不僵化。团队能否充分赋能的关键在于团队领导者，而团队领导者重在发挥领导职能，应尽可能地做到抓大放小，让合适的人去做合适的事情。团队领导者的"有为"，不应是直接指向目的的活动，而应是直接指向被领导者的活动。这样，大的才能带动小的，以收"牵一发而动全身"之功效，形成上"闲"下"忙"、上"无为"下"有为"的局面。

这给我们一个极其重要的启示：当打造团队系统的时候，当团队从他组织向自组织转型的时候，绝对不能简单地"撒手不管""一放到底"。不管一开始是自组织还是他组织，如果突然彻底"无为"，他组织力立即消失，但自组织力尚未成长起来。这时组织力消失，团队系统将无可避免地走向混乱。

无为而治的真谛是有所为有所不为，无为而治对团队领导者的特殊意义在于，它的有效而无形、有序而无压迫、和谐而不僵化。这是一种最高境界的领导艺术，无为而治不等于什么都不做，关键在于领导者要专注于自己的领导职能，抓主要矛盾、抓中心、抓关键，找到卓越领导力的"高杠杆解"。无为而治的实现需要建立在一定的前提之上，如价值观、制度、流程、用人、授权、激励、考核、互信的团队氛围，否则，什么都不管，只顾"无为"的话，局面只会越来越糟。

六、团队赋能依赖的是制度

桥水公司创始人瑞·达利欧在《原则》一书中谈了很多原则，其公司运营也如同书名一般，靠的是原则，靠的是系统，原则和系统背后的核心是制度支撑。

没有规矩，不成方圆。大到国家、国际组织，小到各种企业团队，无不需要制度的约束。

赋能并不意味着不受控制、不受纪律约束，只有在组织制度框架内赋能，才不至于滑向失控的边缘。

那么，怎么才能设计出可以驱使团队自动执行的制度呢？

第一种情况，制度符合所有参与人员利益。

团队制度是团队各方利益相互博弈和平衡的结果，因此，制度只有符合参与各方的利益诉求，才能得到顺利贯彻，否则，将很难推行下去。举个例子：某公司制定的"超额销售提成制度"，受该制度影响的有老板、销售经理、销售员工，销售人员超额完成销售任务，他们能拿到超额提成，其上司销售经理也会拿到总体提成，而老板也会由于销售任务的超额完成而受益，因此这一制度就具有明显的自动执行特质。因为参与各方的利益追求是相同的，在推进制度的过程中，只会有人受益，而不至于利益受损，那么从中获益的这三个人群就都会去推动它的实施。反之，任何一方违背制度，都会导致所有人利益受损，为其他人所不容。

因此，若想设计可供团队各方面自动执行的制度，要充分考虑到各参与方的利益诉求，这样经过利益博弈后的制度才能得到妥善推行。

第二种情况，制度符合有话语权的参与者利益。

这种制度并不能满足所有参与方的利益诉求，如"员工加班制度"，显然不符合员工利益，但在老板牵头，高管、中层赞成的情况下，普通员工就算有意见，也不敢提出，而是保持缄默。任何一方对这一制度执行不力，都会受到惩处，自然也会去遵从。

可供自动执行的制度，具有"自我激励，自我管理，自我组织"的特征。

还有最关键的一点就是，要致力于在团队内部构建"好人愿意积极办好事，坏人不敢轻易做坏事"这样一种良性的运作机制，还应维护管理者的威严，维护制度的威严。对于原则问题要保持底线，毫不让步，只要员工敢于触犯原则问题，就要果断予以惩处。

管理学上有一个著名的"热炉法则"，它的基本意思是：当人用手去碰烧热的火炉时，就会受到"烫"的惩罚。这个"热炉"有以下四个特点，而这些特点则形象地向我们展示了在维护制度落实时的惩处原则。

第一，预警性。炉子火红，不用手摸，一看就知道是热的，是会烫伤人的。管理者要让员工明白，团队制度就如同通红的炉子，千万不要去违反，否则将会被制度反噬（烫伤）。

第二，即时性。当你试着去摸火炉时，立即就会被烫伤，绝不会拖泥带水，不了了之。同样，对于违反制度的员工，也一定要让他们受到惩处。

第三，必然性。就是你每次碰到热炉，都必然会被烫伤，不会下不为例。当员工违反团队制度时，也要对他们作出即时惩罚，不能瞻前顾后、拖泥带水，以维护制度的威严。

第四，公平性。烧得通红的炉子，不论谁触碰到，都会被高温烫到，没有例外。团队制度也一样，这里强调的则是惩处的公平性，不管是谁违反了制度，都要被惩罚。

第三章　赋能团队的特点

赋能团队是高度自我驱动型团队，团队氛围包容且开放，团队成员之间高度信任，主张协同作战，行动敏捷，具备超强的行动力。赋能团队擅长通过深度汇谈来解决团队内部问题、争执，实现充分沟通。通过复盘精进和自我革新，来实现团队战斗力的螺旋式上升。

一、自我驱动

如果说传统团队像一列火车，需要火车头带动的话，那么赋能团队则是动车组，每节车厢都有动力，都是一个独立的动力源，共同驱动动车组高速前进。

1. 自我驱动的团队成员

赋能团队中，每一个成员都能自我驱动，自我约束，自我拼搏完成团队的任务。

可以分为三种类型的员工，一种是不胜任者，另一种是胜任者，还有一种是主动型员工。主动型员工就是自我驱动型员工，他们具有强烈的超我意识和成就欲望。

自我驱动型员工，除了以上表现，还有一些共同的特质。

第一，忠诚度高。对企业而言，忠诚胜于能力，忠诚度高的员工是最受欢迎的。同时，忠诚型员工也通常是自我驱动型员工，因为他们忠于企业、忠于自己的事业，愿意为之主动奋斗。

第二，非常敬业。敬业，从字面上看很容易理解，即尊重自己的职业和事业，积极努力，在为公司创造价值的同时做到自我实现。

第三，态度积极。态度积极的员工具有自动自发的特质，不会凡事等领导去交代，会积极主动去执行，通常具有较强的成就欲望。

第四，工作高效。他们能够高效率地完成工作，即在同等时间内，面对同样的任务，能够完成得更快更好。

第五，结果导向。企业是一个"成王败寇"的地方，最终要靠创造价值、创造利润来生存，作为企业的一员，员工的一个重要考量标准就是结果导向，工作一定要能够带来实际业绩、成果，否则，即使付出再多的苦劳，如果不能创造功劳，一切也等于零。

2. 擅长自我管理

自我驱动型人才善于自我管理，自动自发。

所谓自我管理，简单而言，就是做自己的主人，做"自我驱动型"人才，充分发挥个人主观能动性，来管理、约束、激励自己。西门子公司有个口号叫作"自己培养自己"，还要求管理者要引导员工以提高他们的自我管理能力，以便能和公司一起成长。

日本社会学家横山宁夫曾说过："最有效并持续不断的控制不是强制，而是触发个人内在的自发控制。"[①]

赋能团队，就是要通过赋能来触发团队成员内在的自发控制，实现自我管理，自我精进。

3. 利益与梦想，两手都要抓

从动机上看，驱动团队成员前行的有两个要素：一个是利益；另一个是梦想，也可以称为组织愿景、文化、价值观。

实现利益最大化是人的外在需求，是组织所给予的物质利益，如工资、奖

[①] 李剑:《试论现代企业财务管理中应坚持的理念》，载《现代商业》2012年第17期。

金、福利、期权等外在回馈所带来的满足；梦想则是人的内在需求，是内在的价值感、快乐感等内在的感受带来的满足。

一个领导者，一个团队带头人，要给员工创造四种机会：赚钱的机会，做事的机会，成长的机会，发展的机会。

赚钱的机会，应排在第一，你必须给员工足够的养家糊口的钱，让他们在工作中得到实惠，在此基础之上，再谈其他，否则整天讲什么不切实际的梦想和愿景，都不过是糊弄人的话。

领导带团队，要有分钱的意识，给大家打造一种"发财"的机制，让大家能挣到钱，得到发展，这样才能实现真正意义上的自我驱动。

遗憾的是，很多人意识不到这一点。我看到很多组织和团队的领导，时常挖空心思设计绩效考核制度，明面上，他们自称是为了激发员工干劲，其实心里面有自己的小算盘，生怕员工拿到的太多，亏了自己。很多老板都是制定绩效考核制度的能手，现实中更加司空见惯的是，绩效考核措施从未定型，朝令夕改。这必然会导致人心浮动，员工徘徊不定，忠诚度不高，归属感不强，这山望着那山高，一旦有人以更高的待遇来聘请，他们立马会动摇。

想让员工自我驱动，让员工敬业，让他们拼命工作，却又舍不得付出，不懂得加大力度去拉拢，只是空谈梦想，又怎么可能实现组织、团队赋能呢？

二、高度信任

在一些企业的拓展运动中，经常会有一项名为"信任背摔"的活动：一名队员双手被绑，站在一个高台上，下面由另外数名队员站在地上伸出双手相互搭成一张"网"，活动开始时，上面的队员须身体笔直地向后倒下，其目的是落在下面队友的手臂所编织的"网"中。

试想，一个人在双手被绑的情况下，从高台背倒落地，这是有一定危险性的，但是，那名队员还是从高台倒落于队友的手臂中，为什么能做到这一点？

因为台上的那名队员完全相信他的队友们。

赋能团队的一个特点是，团队成员之间相互高度信任。要实现赋能，就必须打破深井式组织，打造全新的网状组织结构，让团队内部人员互相信任。

当一个团队或组织超过一个人时，信任就变得尤其重要。而且，一个团队成员相互之间的信任度越高，就越有助于团队协作。

相互信任就仿佛是团队内部的"润滑剂"，能有效消除团队内耗与摩擦，实现团队的充分融合与协作，有助于打造融合型团队，发挥的就是"润滑剂"的作用。

然而，需要留心的是，当团队成员之间相互缺乏信任时，相互之间的猜忌就会增多，并据此做出"趋利避害"的行为，不利于团队合作；相反，当团队成员互相信任时，就会大大降低内耗，减少钩心斗角的行为，敢于将"后背"暴露给合作伙伴，而专注于任务本身，专注于为团队创造价值。可见，如果团队中缺乏信任，那么团队能量将会大量损耗，团队运行成本也会大大增加，而团队效能则会大幅降低。反之，互相信任的团队氛围则可以有效降低企业的运行成本、提高团队效能。

要想检视你的团队是否具备互信的氛围，可以试着向团队成员询问是否对以下几个问题表示认同：

· 自己很受团队重视。
· 周围的人同我有着一样的价值取向和共同目标。
· 在团队中，大家都能够坦然地接受来自别人的意见。
· 团队内部的交流随时都能进行，而且能够做到公开。
· 作为团队的一员，我可以对其他成员提出要求，其他人也能对我提出要求，当然，要求要是合理的。
· 我信任其他人，其他人也信任我。

团队成员对上述问题的认同程度越高，说明团队信任氛围越好。团队高度信任的关键在于团队管理者，一个管理者要想成功，首先应在诚信这一基石上狠下功夫，要做一个讲究信用、言行一致、让人觉得足以信赖的人。一定要让你的伙伴称赞你是一个风格言行始终如一的人。管理者的诚信，主要表现在以下几个方面。

第一，言行一致。管理者的行为应该和自己公开说过的话一致。吉姆·柯林斯在《从优秀到卓越》一书中就说："言行一致、坚定不移、正直并且强有力的领导人才是优秀的领导人，才能攀越高峰。"说到就要做到，说起来简单，真正做到却不容易，更有许多管理者喜欢拿这个标准去要求别人，而自己却做不到，无法以身作则，久而久之，大家也就都会对此置若罔闻。

第二，表里如一。管理者只有做到表里如一，积极向团队成员敞开心扉，让他们了解到自己不同的侧面，才更有助于打造互信的团队氛围。否则，团队管理者遇事都藏着掖着，那么其他人也会事事留一手，对上级、对同事充满戒备心。这样的团队气氛同互相信任的团队风格是相悖的。

第三，说到做到。管理者要明白，对于自己的许诺，也许你会很快忘得一干二净，但员工不会，他们会时刻牢记在心，并等待你的兑现。一旦你不能兑现或打折、延迟兑现，那将会大大影响管理者在员工心目中的形象，并大大挫伤员工的工作积极性。

因此，管理者在许诺前，务必三思，一旦许诺，就绝对要兑现，否则，就不要轻易许诺。

团队管理者应时刻从上述几个方面对自己严加要求，要经常谨记在心的是：诚信是成功管理者的宝贵资产。常常问自己："员工到底有多信赖我？"因为这个问题的答案将会决定你们之间的信任程度以及员工跟随你"征战打拼"的愿望有多强烈。

三、包容开放

高效团队的工作方式是，运用民主化的方式，让所有成员充分发表意见，从多元观点出发，群策群力，抵达最终的决策。这个模式所达成的共识才是所有成员的深度共识，才能实现创新。

这体现了赋能团队多元观点、民主共识的特征，它们是建立在充分开放包容的团队氛围之上的。

1. 赋能团队，一定是开放的团队

团队管理者如果具备开放的姿态，能让团队成员更好地打开心扉，进行无障碍沟通。

拥有开放式管理者的团队，氛围通常较为融洽，团队管理者具有较强的同理心，能以开放包容的心态进行换位思考，有助于提高团队成员之间的信任度，提高团队成员对团队工作的参与度，从而大幅度提高团队工作效能。

在华为公司的众多价值观念中，最为重要的一点就是开放与进取。对于一些渴望成功的管理者来说，开放的姿态尤为重要。想要保持进取、保持发展，就必须敞开心怀，以开放的姿态面对员工，并以开放的态度向别人学习，这样才能看到更高的目标和发现自己的不足，否则就可能陷入自以为是与自我封闭的僵局。

第一，在团队内部，对于岗位间、员工间的职责界定，应该以一种开放的方式去进行，不应进行太过绝对的界定，也就是要实现"职责无边界"，只要员工有能力，可以让他们去尝试任何角色。

第二，要让团队保持开放的状态。赋能团队一定是开放的团队，能够积极接纳外部的新鲜事物，会自动进化，不断创新，而不会搞自我封闭，同时也要杜绝各种内部的小团伙、小团队，避免拉帮结派。

第三，勇于自我披露。自我披露的目的不是宣泄，也不是作秀，而是寻求建立牢固的人际关系。研究表明，人们通常会对和自己相似的人进行自我披露，也更喜欢自我披露的对象。于是良好的人际关系便会在这种相互披露的过程中发展起来。所以，自我披露是发展团队人际关系的一个重要条件。

团队要做到自我披露，需要团队管理者以身作则，首先要做好自我披露，才能带动员工积极参与其中，实现整个团队的自我披露。

第四，实施开放式办公。开放式办公不只是物理形式上的办公空间的开放，更是管理理念上的开放。开放式办公，并非要求管理者和下属一定要处于同一个公共办公区域工作，更多是心理上的、管理理念上的开放，要做到同员工心在一起，真正融入下属，鼓励团队成员进行充分的交流、协作、共创，目的是创造一种宽松、和谐的团队工作氛围，增强团队成员间的理解与互信。这种管理理念对于赋能团队的打造，具有重要意义。

2.赋能团队，也是包容的团队

团队上下级之间、团队成员之间亲密合作的基础是互相接纳、互相包容，但现实中的很多工作团队却不具备这种包容性。

来看一名团队管理者的抱怨：

我带的团队有十几个人，其中有四五个人是进公司比较早的，资格比较老，也有刚入职不久的新员工。

A是出纳，工作中总是阳奉阴违，领导已经签字核准支付的款项，她也拖着不付，只等供应商打点之后才肯付，不送礼的就一直压着。她的后台是一名公司副总，他们关系非常好。

B二十五六岁，刚结婚不久，性格死板，懒惰，不愿承担责任。她是最早进公司的，在我进公司之前，她曾是部门代经理。我来以后，总跟我过不去，以为是我抢了她的位子。

C是采购员，人还可以，但办起事来总是一根筋，不够灵活，有时候能被她给活活气死。

D是航务专员，因为航务比较专业，我也没有经验，所以她几乎什么事都是自己做主，从来都不跟我汇报。

E是最近招聘过来的新员工，有学历，没资历，尽管服从管理，但是对工作悟性差，上手很慢。

……

有这样一批员工，让我觉得自己不能充分施展自己的才能，感觉不能带好团队。但我又不甘心，更不愿意在没摆平这些下属之时另找工作。我希望能战胜这个职位给我带来的苦恼，但又找不到解决之道。

给案例中的管理者带来苦恼的究竟是什么呢？从上文描述中，能够看出在他眼里所有的下属都是不称职的。他的这种态度或许才是问题的根源所在，不可否认，那些员工看似都有自己的缺点和不足，但更多的问题还是出自这位管理者自身，因为他不懂得去发现员工的优点，缺乏包容心。

古语说："士为知己者死，女为悦己者容。"要想让下属成为自己的"知己"，前提一定是先学会欣赏别人、包容下属。

管理者，包容别人的能力尤其重要。在管理大师德鲁克看来，最不能做管理者的人是"只注意别人的弱点而不是长处的人，这是狭隘的表现"。其中道理并不难理解，如果团队管理者眼中揉不得沙子，满眼望去，尽是下属的缺点与不足，那么不仅作为其下属的员工会感觉很痛苦，管理者本人也难以寻觅到自己事业的左膀右臂，不会有真正的帮手替自己分担。

团队管理者需要有辩证的思维，需要具备相当的包容力和欣赏力，容忍多样性。尝试着换一个角度去看人，你会发现员工都是可用之人。

团队管理者在具备充分包容心的同时，也要让包容在所有团队成员之间发酵，让他们能够容忍多样性和不同意见，消除团队合作障碍，提升工作效能。

四、深度汇谈

从本质上讲，管理的目的是通过对人的思想和行为进行有效控制，来保证工作有序运转的一个过程。但是，由于人的思想各不相同，且存在较大的变数，因此其周围的客观情况也会随之出现经常性的变动。

对于一个团队来说，其中出现的这些变化情况，只有为团队领导者所掌握、所驾驭，他们才能在下一步的决策中占得先机。能否实现这一点的关键在于，团队内部是否有一个完善的信息交换机制。

谈到这种信息交换机制，最重要的一种方式就是深度汇谈。"深度汇谈"是希腊语中的一个词，它的原意是让思想在人们之间实现自由流动。团队成员之间也需要深度汇谈，以便让思想在团队中实现自由流动。深度汇谈机制下，团队中的每个人都是赢家，个人可以获得本人无法想到的见解，使团队智商大于个人智商。

深度汇谈，能够消除团队成员之间可能存在的既有认识差异，从而统一团队上下的意志，确保团队愿景目标的顺利实现。只有当团队成员勇于说出各自的主张、虚心倾听意见、果断展示问题、充分尊重他人的时候，这个团队才能有效地消除分歧，统一认识，实现思想的交融，找到解决问题的良方，挖掘出团队合力的潜能。

"深度汇谈"是一个社会科学术语，经常用于团队管理，是团队成员开展群体深度沟通的一个重要方式。通过深度汇谈，每个团队成员都能开诚布公地说出心中所思所想，这样才能实现真正意义上的共同思考，使得每个人都变成个人思维方式的呈现者，同时也是一个旁观者。

如此一来，团队就能够以更开阔的视角、更多样化的观点来探讨复杂的难题，每个人都会摊开自己的假设，并自由地交换他们的想法。通过深度汇谈，团队的智力潜能可以充分发挥，团队成员可以互相激发、互相帮助，弥补思维上的短板，从而爆发出团队集体思维的战斗力，实现团队集体赋能。

深度汇谈，和我们惯常所理解的团队讨论，是有很大区别的，它们的基本规则不同，所要达到的目的也不相同（见表3-1）。

表3-1 深度汇谈和团队讨论的区别

	基本规则	目 的
深度汇谈	团队成员提出不同的看法、观点、思路，以发现新看法、新观点、新思路，通过这种方式每个人都可以获得自己单独无法获得的见解和思路。具有发散性，可以从各个思维角度去全方位探究更复杂的问题，寻求更合理的解决方案	人人都是赢家，实现双赢、多赢乃至团队共赢
团队讨论	团队成员提出各自的观点、看法，并为自己进行辩解，成员之间会像乒乓球一样来回撞击。它具有集中性，通过分析、衡量，选择一个较佳的想法，用作事情的决议	实现个体的赢

通过以上对比，可以看出深度汇谈和团队讨论确实有着本质的不同，经常进行深度汇谈的团队，其互相了解的程度和配合的默契度也会进入一个更深的

层面，团队成员间的互信程度也会进一步提升。同时，在深度的思维碰撞中，每个人的认知能力、工作能力和成熟度也都会得到质的提升，这恰恰是一个团队成员之间相互赋能的过程。

深度汇谈是打造赋能团队的一个秘密武器，要实现团队的深度汇谈，通常需要满足以下三个要件。

第一，悬挂假设

悬挂假设是一个非常形象的提法，所谓"悬挂"，就是将自己的假设、观点毫无保留地悬挂在团队其他成员面前，并接受其他人的询问。具体来说，其步骤如下。

首先，一个人要意识到其所作的假设，然后才能把它"悬挂"出来。

其次，悬挂的目的是做展示，即让别人能够看到自己的假设。

最后，接受别人的询问，从而使人了解自己假设的用意和维度。通常情况下，人们都不愿意将自己的想法和盘托出，更不愿意将之毫无保留地暴露在众人面前。但事实上，通过悬挂假设，如果你的假设真的有价值、有意义，那么必定经得起别人的质疑和探询，这恰恰是证明自己的一个过程。如果不能，则能在别人的质疑中完善自己的假设，这也是一个提升自己的过程。

第二，相互信任的伙伴关系

团队成员之间要互相信任，是真正的伙伴关系，这种情况下，团队成员进行悬挂假设的障碍将会大大降低，更能在团队内部敞开心扉，大方从容地接受别人的探询。当然，互相信任的伙伴关系并不意味着意见一致，事实上，往往是那些持不同意见者甚至是反对者才能给悬挂假设者带来更大的帮助和收获。

第三，一个好的"辅导者"

开展深度汇谈活动，需要安排一个"辅导者"，这个角色通常由团队领导者或领导者指定的人来扮演。因为，在缺乏熟练"辅导者"的情况下，过去的思维习惯会不断把团队成员拉向讨论而偏离深度汇谈。"辅导者"的工作内容主要包括：

- 熟知深度汇谈技巧和流程。

- 向参与者宣讲深度汇谈的规则，每个参与者都必须对深度汇谈的结果负责。

- 做好进度控制，把握好汇谈的大方向，同时让参与者在一种开放的氛围中进行汇谈。
- 要注意淡化自己的存在，让大家将关注重点放在深度汇谈本身而非"辅导者"身上，同时，"辅导者"也要能够做到在关键时刻给予相应的启发或帮助。

当团队能够成熟开展深度汇谈后，就可以取消"辅导者"的角色。甲骨文公司号称是全球最大的企业级软件公司，该公司在学习型组织以及学习型团队建设上确实已经有了很大建树。

甲骨文公司深谙深度汇谈的真谛，会定期将各分公司高管聚集到一个封闭的酒店中，大家畅所欲言，对公司的经营现状和未来发展区域展开深度汇谈，参与者往往会沉浸其中而忘了自我，大家相互间只有观点的碰撞和激发，而无充满敌意的批评。通过这种头脑风暴式的深度汇谈，往往能够获得开创性的思维成果，用以指导公司实战。

通过深度汇谈，团队主管要引导下属讲出真正的心声，乃至和员工共享"愿景"，辅导其进行职业生涯规划，协助下属实现"自我超越"，从而实现团队赋能。

甲骨文公司的成功经历让我们看到了希望，但笔者在指导企业进行深度汇谈时也发现了一个问题：深度汇谈对于现实问题的效果并不好。比如，团队人员配置、奖惩方案、晋升问题、人员评估等，往往只有极少数人表达自己的意见，而发言者也往往言不由衷，大部分人则处于观望中，导致汇谈无法深入，难以取得预期效果。因此，在现实的团队工作中，深度汇谈的开展是有一定挑战性的，要想让深度汇谈切实实施开来，应该遵循以下四项基本原则。

1. 发声

发声，即指团队成员要说出自己真实的感受，而且，无论别人怎么看，都应该诚实地说出自己内心最真实的想法。这是深度汇谈中最具挑战性的部分。

发出自己的声音有时候会给别人甚至自己带来难堪，但你一定要战胜因此而产生的心理障碍，这要靠信心。因为勇于发出内心真实的声音，是深度汇谈的本质。

2. 聆听

聆听是深度汇谈的重要一环，聆听者不仅要认真倾听，还要学会去接受别人的声音和观点，并积极地予以回应、进行互动。

聆听的对象不只是他人，还包括自己。正如有句话所说："我一直在努力尝试成为一个会说话的管理者，但很少去想如何成为一个聆听者。"

聆听可以协助我们化解人与人之间的隔阂，有助于团队深度汇谈的推进。

最高境界的聆听者要具备同理心，即能够设身处地站在对方的立场上去倾听，这样能更好地理解对方、接纳对方的观点。

3. 暂缓

深度汇谈中往往会出现这样的情况：某个成员极力维护自己的观点，而聆听者则极力反对上述观点。如果任其发展下去，可能谁也无法说服谁，甚至会导致激烈碰撞，不利于团队和谐。

这时，不妨暂缓一下，不再一味地进行单方面说服，去强制别人接受自己的观点，暂时保留自己的意见，但并不是压抑自己的观点，而是以自己和他人都能接受的方式来表达，如此一来，情况就可能出现转机。

4. 尊重

团队群体沟通，如果缺少了尊重，便很难得到深入推进。尊重不仅表现在上下级之间，也表现在同级之间，表现为所有团队成员之间的互相尊重、互相体谅，充满对个体的尊重，而不会一味地令其做出改变，或是服从领导意志。

五、协同作战

美国管理学教授斯蒂芬·P.罗宾斯在其著作《组织行为学》中给团队的定义是："工作团队通过其成员的共同努力能够产生积极协同作用，其团队成员协同的结果使团队的绩效水平远大于个体成员绩效的总和。"

赋能团队的整体绩效之所以大于个人绩效之和，就在于团队工作的协同效应。赋能团队，不是个体成员能力的简单组合与叠加，而是全体成员的能力呈几何级数增长。如果两个人能够做到齐心协力、配合工作，其工作绩效将会超过 10 个单打独斗的人，而整个团队的高效协同作战则能带来令人叹为观止的高绩效。

不过，就像在最和谐的盛世中也会存在一些不和谐的声音一样，在任何一个团队都不可能将所有不和谐因素消灭殆尽。由于它们对团队执行力的杀伤性极大，因此团队管理者不得不时刻对它们保持警惕。

所以说，不能想当然地认为团队绩效就一定大于个人绩效之和，它还取决于以下几个因素。

第一，团队工作的性质

举例来讲，如果团队从事的是搬运类工作，如搬运一个较重的物体，单凭任何一名团队成员都无法完成，只有众人合力，才能完成该项工作，此时，团队的绩效要大于个人绩效之和。但如果团队承担的是需要团队成员充分配合才能完成的任务时，如足球比赛、篮球比赛等团体运动项目，团队的整体成绩很可能会由于某一位关键成员的失误而大打折扣，从这一意义上讲，1+1 的结果很有可能会小于 2。

第二，团队规模

比如，一个只有两三个人的团队，团队领导很轻松地就能对每个人的工作实施监控，团队内耗往往较少，而配合度较高，由于成员较少，团队成员也会积极工作，努力表现，这时候的团队绩效通常是大于个人绩效之和的；但是随着团队规模的扩大以及成员的增加，领导者对团队成员的监控难度也不断加大，进而无法做到有效监控，这种情况就好比很多人在一艘船上划桨，某些偷奸耍滑的人由于不必承担自己行为的所有后果，就会有意少出力，而本来尽全力划桨的人看到有人懈怠，由于自己也不能得到尽力划桨的所有好处，也会降低积极性，这样，船的速度就会降低，甚至低于正常速度，导致 1+1 小于 2。

第三，团队能否实现信息共享

团队协作是建立在信息共享之上的。"一个团队如果信息不处于共享状态，那么效率就得不到提高，效率关系着利润的实现，那么结果可想而知……"著名管理大师肯·布兰佳在《一分钟经理人》一书中强调了团队信息共享的重要性。

团队协作的过程需要共享信息，不仅包括上下级之间，同级之间也要共享信息。这对团队领导者来说，有时意味着要公布一些被认为是机密的信息，包括一些敏感和重要的话题，如竞争者的行动、未来的商业计划和策略、财务数据、行业问题、竞争者的行为、团队行动对组织目标的贡献以及绩效反馈。更多的信息共享会让团队捕捉机会，迅速展开统一行动，并有所斩获。

第四，管理者的绩效管理方式

当一个团队只有两个人时，团队成员"搭便车"行为便不容易产生。因为团队规模较小、人员较少，两个团队成员之间就能够很好地做到互相监督，一方有问题，另一方很快就能发现。而在一个更大规模的团队中，如 30 人、50 人团队中，将很难实现充分地互相监督。

因此，对于大型团队，就要依靠制度来管理，需要建立完善的绩效管理制度和清晰的考核体系，团队绩效在很大程度上将取决于绩效管理方式。

六、敏捷行动

安迪·格鲁夫在其名著《只有偏执狂才能生存》中写道："10 倍速时代已经来临，我们的失败和成功都以 10 倍速的节奏进行。当今这个时代，是 10 倍速变化（10×Change）的时代。新技术、新方法可以颠覆旧秩序，建立新规则，给系统带来彻底的变化。"

10倍速时代已经来临，要想跟上时代的步伐，并且从容地去应对这种全新的挑战，需要养成新的思维习惯及处事方式，要学会以更高效的执行、更快的速度去抢占市场，以更快的速度去化解危机。这个时代在很大程度上是一个"快鱼吃慢鱼"的时代，"顺之者昌，逆之者亡"也几乎成了这一潮流下的一个颠扑不破的真理。

现在的企业领袖在谈论的早已不是5年计划，而是5个月计划、5星期计划，甚至是5天计划，并且纷纷成立"敏捷研发团队"，全力实践、持续学习和高速创新。

不仅仅是研发团队，其他企业团队在瞬息万变的市场环境中，也需要敏捷行动，捕捉战机，借助超高的行动效率在市场上抢占先机。

《敏捷革命》一书中提到，运作良好的敏捷团队有着其他团队所不具备的超高效率，能够让工作效率提高3倍至4倍，优秀的团队甚至能提高8倍，并且不断地复制成功经验，最后的成果质量也要比原来高出两倍多。

赋能团队更擅长灵敏行动，那么具体应当如何将自主性、卓越性的敏捷精神融入团队中，进而实现超高效率呢？

执行贵在高效，慢则误事；领先一步，领先一路。"高效执行，捷足先登，闪电取胜"是信息时代竞争制胜的规则。各级团队领导者要在自己的职权范围内提升执行效率，可用的措施主要有以下几点。

1. 科学安排工作顺序

工作顺序是否科学将直接决定团队工作是否高效。工作顺序安排可以根据其轻重缓急程度来进行，通常，日常工作大致分为"重要且紧急""不重要但紧急""重要但不紧急""不重要也不紧急"四类。

以上四类工作的处理顺序通常是：

首先，处理"重要且紧急"的工作。

其次，处理"不重要但紧急"的工作。

再次，处理"重要但不紧急"的工作。

最后，再处理"不重要也不紧急"的工作。

需要注意的是，对"不重要但紧急"和"重要但不紧急"两类工作的处理不可过于僵化，而应该具体情况具体分析，以免耽误对重要事项的处理。

2. 充分准备

充分的准备工作是前提也是保障，但对于行动前的准备工作，也要注意不要走向极端，特别是在崇尚高效的当今社会，如果总是固执地等一切事项都准备完毕再去行动，那么可能就已经失去了最佳战机。

3. 不做完美主义者

凡事追求完美的人，永远无法做到灵敏行动，他们会失去转瞬即逝的战机。真正的灵敏行动者明白什么时候应当追求完美，什么时候应当快速行动。

当然，不做完美主义者并不是主张降低标准、以次充好，而是要做好行动的性价比评估，不要因为寻求1%的收益而多付出50%的精力和代价。

4. 有计划拖延

有计划拖延是战术性拖延，同工作拖拉并非同一概念。比如，当面对诸多"紧急且重要""紧急但不重要"的迫切事务时，就可以对其他不太紧急的事务进行有计划地拖延，这样才不至于在诸多工作中焦头烂额，才能厘清落实的先后次序，提高工作效能。

有计划拖延和拖拉的关键区别在于"计划"二字，认清这一点，才能理解有计划拖延的真谛。

5. 创造和利用整块时间

对于重要的任务而言，安排整块时间处理效率更高，否则，如果用碎片时间去处理，则会割裂任务，降低效率。

6. 适当使用辅助工具

工欲善其事，必先利其器。在行动中，可以适当借助一些辅助工具来提高执行效率。

7. 进行周期性项目管理

将团队面临的工作分解开，尝试一下，看在一个固定的、短暂的时间段内能完成多少工作量。比如，可以 1 周至 4 周为一个周期，该周期为冲刺期。冲刺后必须展示成果，让每个团队成员知悉，再做下一个冲刺，不断提升行动效率。

七、复盘精进

赋能团队习惯通过复盘进行精进，每次进步一点点。习惯于对每一次行动进行复盘，优化与改进，不断进步。

复盘，源于东方思维和东方文化，源于棋类术语"复局"，即在对弈完毕后，对下棋的过程进行复演，总结得失，以此来提高棋艺。

通常，不论是工作中还是生活中，我们都没有能力和精力一次性将事情全部做对。复盘的目的就是避免犯同样的错误。当然事后可以不复盘，看上去也没有什么损失，但是毫无疑问，复盘可以让我们做得更好，不断精进，不断提升。

在团队工作中，复盘是一个重要的思考和管理工具。通过复盘可以纠正错误、找到正确方向、将合理的流程固化下来，同时了解团队的强弱优劣，使团队分工合作趋于合理，找到隐藏在背后的深层次问题和矛盾，从而为整个团队校正方向，实现良性循环。

复盘分为自我复盘、团队复盘和复盘他人。自我复盘可以随时随地进行，是个人获得成长的有效手段；团队复盘可以让复盘主导人和团队成员获得成长；复盘他人，则能够利用他人的实践让我们不花成本就获得成长，也就是所谓的"他山之石，可以攻玉"。

团队复盘要按照严格的步骤、方法和原则来进行，它是讨论会，而不是主持人一人的宣讲会，更不是毫无意义的争论会、批斗会。总之，团队复盘的目的是寻找新方法，激发新观点、新思路，是探寻团队管理、运作真相和规律的总结会，既不要流于形式，更不能变为秋后算账的讨伐会。

1. 团队复盘三种角色

为了确保团队复盘的效果和效力，复盘过程应设置好引导人、设问人和叙述人三种角色，每种角色可以由一人或多人担当，都不可或缺。

第一，引导人

引导人的职责是确保复盘过程不偏离主题，按既定流程去推进。引导人是复盘活动的重要角色，既在复盘中，又在复盘外，类似主持人所发挥的作用。需要注意的是，引导人发挥的是引导作用，而不是主导作用，主导复盘过程的是其他参与人员，引导人在程序上要发挥自己的主导作用，而对于复盘本身，则应该交与其他参与人。

通常，引导人由团队中职位较高的人员担任。

第二，设问人

设问人负责在复盘进程中，通过适当的提问来发现、探索相关事情的本质，发现隐含的规律。设问人是否称职或是否能提出有深度的问题，是决定复盘工作能否成功的关键。

设问人要通过不断的追问，来抽丝剥茧，直抵问题的核心，所提问题主要有信息类问题和思维类问题。信息类问题针对的是事实层面，思维类问题的目的是要探寻各个信息之间的逻辑关系，能够顺藤摸瓜，引起大家积极思考讨论，激发头脑风暴，从而得到一些根本性的认识和逻辑起源点。

第三，叙述人

叙述人，即具体事件和情况的陈述人，他们的陈述是复盘工作的基础，复盘就是要建立在他们的陈述之上。

因此，要确保叙述人陈述真实、完整、客观，同时其他人员要确保叙述人处于一个良好的陈述环境之中，以完整地呈现整个事情的细节。

2. 团队复盘八步骤

团队复盘，有八个步骤可供遵循。

第一步：目标回顾。这是复盘的起始，即回顾任务开始时的目标和期望值，主要包括以下几个问题：

- 该项任务的意图是什么？
- 该任务渴望达成的目标是什么？
- 任务的行动计划是什么？
- 任务执行中预计会出现的情况是什么？

第二步：结果评估。结果评估即对任务达成结果进行评估，分析其值得肯定之处以及不足之处。进行结果评估时，要注意客观公正地去呈现事实，避免主观感受的干扰。

任务结果与预定目标相比，可能出现五种情况：

- 超额达成目标；
- 达成目标；
- 未达成目标；
- 未达成目标，但带来了额外的积极结果；
- 完全没有达成目标，任务完成度为零。

进行结果评估的目的是发现问题，找出根源，并予以改正，对相关责任人做出合理的惩罚措施。

第三步：过程阐述。过程阐述由叙述人进行，目的是让所有参与人员全方位了解复盘事项的所有过程和细节，让大家共享情景、共享信息，这样才能拥有共同的讨论基础。过程阐述要提前做好相应的素材、文本准备，会议上照本宣讲即可，以避免重要信息的遗漏。

第四步：自我剖析。自我剖析的目的是对既往经历、事实进行充分的分析、反思，既要看到问题，也要承认取得的成绩，从中找出原因，总结规律。自我剖析，既要客观，同时又要态度坚决，不留情面，以示改进的决心和勇气。否则，流于表面的剖析，其实际意义不大。

通过剖析，要发现任务计划执行过程中的可控因素、不可控因素以及半可控因素，并从中发现：

- 自己没有尽力的地方有哪些？
- 已经尽力但没有效果的地方有哪些？
- 无处着力的地方有哪些？

通过这些问题的呈现，进一步找出解决和补救措施，以免今后再犯同类的错误，再步入同样的误区。

第五步：众人设问。通过多人、多角度的设问，可以弥补个体在认知上的局限，打破思维上的误区，从而发现更多的可能性，从更深、更广的视角发现隐藏的深层问题。

第六步：总结规律。复盘经验、教训，进行总结，并得出普适性规律，用来指导后续工作。当然规律并不是一成不变的，还需要在实践检验中不断完善。

第七步：案例验证。如何来验证复盘中总结出来的规律？最佳方式是通过案例来验证，前提是要选择相同行业、相同场景的案例，才能确保验证的科学性。

第八步：复盘归档。将经过上述步骤得出的结论，进行归档，形成有据可查的资料，以文本的形式固化下来，形成团队知识体系，方便团队成员参考借鉴，并根据上述总结制订下一步的改善措施和行动计划，包括哪些措施需要改进，如何改进，谁来改进，哪些措施需要继续执行等。

第四章　能赋：衡量赋能对象的最低标准

赋能的前提在于找出能够被赋能的员工，即"能赋者"。赋能团队的塑造逻辑是一切以人为起点，从发现"能赋者"出发，帮助每一个团队成员找到自己的定位，找到最适合自己的岗位，进而发现自我，实现自我驱动，最终铸就整体。

一、赋能的更高级状态是"能赋"

赋能的关键在于要找到"能赋者"，"能赋"强调自下而上、自发自觉、自我激励，目的是发现团队中"能够"被"赋能"或者能够被"授权"的"能赋者"。

除因各种因素不能胜任工作被淘汰出局的员工，在团队内部的员工有三种类型。

1. 胜任者

他们能够满足岗位的基本要求，中规中矩地完成工作，不会让领导太失望，也不会给团队带来惊喜。

他们习惯将工作做到刚好满足最低标准的合格档次，极少主动对工作进行优化提升，每天按部就班，能够获得"尽职本分"之类的评价，但几乎不可能达到出类拔萃的程度。

以这种力度对待工作的人不在少数，他们认为是给公司打工，就只做与自己职责相关、与所得薪水相匹配的那些工作，只盯着自己分内的事，从不愿意多做一点额外的工作，甚至对于分内的工作也不尽心尽力。

在很多公司中，这类员工属于组织人力资源的主体，位于金字塔底部，拥有庞大的基数。如果领导者希望团队更卓越、更具进取心的话，要尽量减少这类员工的比重。毕竟，他们业绩下滑的可能性比上升的要高得多。

对胜任者，赋能的重点是赋予其工作积极性、使命感和必要的工作技能。

2. 储备干部

所谓储备干部，即现有员工中的佼佼者，也是企业将来的重用、提拔对象。

储备干部，除了要创造必需的业绩，具备基本的领导潜质之外，更关键的是他们在基层岗位上就已经做出了让领导不得不去注意、不得不另眼相看的工作表现，具有强烈的上进心和成就欲望。

储备干部是团队的中坚力量和团队管理层后备军，对他们赋能的重点应当是赋予更大的权力、责任、担子。

3. 合伙人

合伙人是组织的核心人才，往往具备核心能力，是老板的同盟军，风雨同行，共进共退，共同抵御风险，共享企业收益。除创业时期的元老合伙人以及具备核心资源的合伙人外，能成为老板事业合作伙伴的人主要具备如下特征。

首先，要具备核心能力，能够独当一面。其次，是又红又专的人才。红，指人品好；专，指业务好。又红又专的合伙人，多是从基层员工成长而来，内部培养的。

对合伙人，应赋予更大的权限，使其独当一面，赋予更大的利益。比如，给予股权和期权激励，使其同组织、团队实现紧密捆绑，生死与共。

二、赋能团队塑造逻辑：让成员发现自我

传统团队打造逻辑是根据团队要求塑造个人，形成符合组织人力要求的团队。

团队利益高于个人利益，团队需求高于个人意愿，先有团队愿景，再谈个人发展。

赋能团队的塑造逻辑是颠倒过来的，一切以人为起点，从发现个体出发，帮助每一个团队成员找到自己的定位，找到最适合自己的岗位，实现人岗匹配，进而发现自我，实现自我驱动，最终铸就整体，拥有共同的团队愿景与价值观。团队利益与个人利益、团队需要与个人意愿、团队愿景与个人发展之间是一个平衡的状态。

一流的团队系统是紧凑的，要杜绝人员上的浪费和臃肿。在团队内部，应着力营造一种"人事相宜，人岗匹配"的用人机制，也就是从个人优势出发，让合适的人去做合适的事。

人岗匹配的问题其实并不是一个新命题，我们的老祖宗早就给出了问题的答案，作出了良好的表率。

《墨子·鲁问》中有一个成语"量体裁衣"，意为按照身材裁剪衣服，比喻按照实际情况办事。裁衣如此，管理者用人亦如此。选用人才时，应该量才适用，使员工的才干和岗位相匹配。

唐代韩愈在《马说》中也写道："世有伯乐，然后有千里马。千里马常有，而伯乐不常有。故虽有名马，祇辱于奴隶人之手，骈死于槽枥之间，不以千里称也。"这段话如果用来诊断企业组织中的人才缺乏问题，其最直白的翻译就是："企业中其实不乏人才，关键是看你有没有把他当作人才来用。"而这恰恰就是人员管理中一个最核心的命题——人岗匹配。

可见，从人本管理的角度看，每个人都有自己独特的才干，每个员工都是人才，就看你把他们放的是不是地方，这是一个人岗匹配的问题。许多时候，所谓的不称职员工，如果调整到适合他们的岗位，也会干得一样出色。

衡量一个人是不是人才，关键在于把他放在什么位置上去做事，如果不能知人善任，人尽其才，那么人才就难以施展出真实才能，甚至被埋没，这对员工的积极性会是一个极大的打击。在不擅长的岗位上，人是很难愉悦工作，更难以做出成绩的。

要建立"人事相宜，人岗匹配"的用人机制，有必要去探索并建立以下三个方面的制度。

第一，建立才干识别与分类的制度，让合适的人去做合适的事。也就是去识别团队成员的才干，通过各种测评手段盘点他们，随时准备优化配置，通过建立人才识别与分类的制度，盘活团队现有的人才库。

第二，建立公平公正公开的人才选拔机制。无论是内部选拔，还是外部招聘，选拔机制很重要。为了杜绝选拔中的弊端，可以建立规范的选拔流程和明确的选拔标准，用制度来保证公平公正公开。

第三，通过提供实习机会等方式来进一步考查员工的能力和潜质，当然，这种能力和潜质是否能转化为真正的工作能力，还要受到各种主客观条件和内外部环境的制约。

人岗匹配是团队赋能的前提。那么，如何来实现"人岗匹配"呢？

第一，进行岗位分析

所谓岗位分析，是对某一岗位的职责和工作内容进行全面分析的过程。主要内容包括：

· 岗位职责，即该岗位所负责的工作任务范围、岗位责任等。

· 任职条件，即该岗位员工需要满足的任职要求。比如学历、年龄、性别、专业、工作经验等。

· 岗位工作性质，即岗位所需完成工作的内容、形式、性质，需要借助什么方法、流程、技巧、设备、工具。

· 岗位关系分析，即岗位在组织内的上下左右关系，向上对谁负责，向下领导谁，左右需要同哪些部门进行平行配合。如果涉及外部关系，还包括如何同外部客户进行沟通、合作。

第二，团队成员才干、胜任素质分析

进行人岗匹配前，需要充分了解每一位团队成员的基本素质、能力和才干，具体可通过专业背景考查、工作经验分析、笔试和面试考查、情景模拟等方式综合进行，借助这些途径来达到真正识别员工才干的目的，从而进行系统的胜任素质分析。

第三，进行匹配，知人善任

进行岗位分析和团队成员的胜任素质分析后，就要开始人岗匹配工作，要最大限度地利用员工的优点，大胆将他们匹配到最合适的岗位上，以便充分发挥他们的潜能，实现人尽其才。

在团队人力资源管理上，管理者应以每个团队成员的优势为基准来安排合适的岗位。同时，人的岗位也不是一成不变的，要根据岗位的胜任情况随时做出调整，在动态中实现人与岗的匹配，让团队发挥最大的效能，避免人力资源的浪费。

三、帮助下属成功

传统领导者通常会将大部分精力花在团队的绩效提升上，而赋能型领导者则会将更多精力放在员工的成长上，通过赋能员工，实现员工的成长与成功，进而收获团队和组织的绩效提升与成功。

团队管理者在施展赋能领导力时，不再是简单地依靠领导权威和发号施令来管理员工，而是走出办公室，走到团队成员中间，通俗来讲，即利用"传、帮、带"的方式来为下属赋能，帮助下属成长、成功。

团队领导者或相关人员在帮助团队其他成员时，要掌握"传、帮、带"的技巧。

1. 传——授业解惑

唐朝韩愈在给弟子的《师说》中写道："古之学者必有师。师者，所以传道受业解惑也。人非生而知之者，孰能无惑？惑而不从师，其为惑也，终不解矣。"管理者在"传"的过程中，要注重为员工授业解惑。

对一线员工，要手把手地传授他们操作技能、工作经验、注意事项，使员工能够在最短的时间内学会操作并尽快独立工作，让员工能够用自己的双手创造出价值，从而对工作产生兴趣、树立自信心。在给员工传授技能时，避免走过场，走形式，应充分考虑对方能否听懂、能否接受，尽量以通俗易懂的语言和方式进行。

否则，员工因花费很长时间学不到技术，创造不出价值，就会对自己失去信心，甚至会产生想离开企业的思想。这样一来，不仅给企业增加了成本，管理者也会因为缺少胜任的下属而难以安排工作，无法保证团队正常工作的进行。

当然，仅仅传授这些是不够的，管理者还要传授员工劳动纪律、公司制度，传递给员工好的心态，好的工作氛围。

2. 帮——授人以鱼不如授人以渔

所谓帮，就是理解、关心、帮助。管理最重要的内容就是管人，而管人就必须尊重人，只有上下级相互尊重，才能求得共同发展。企业组织中的各种团队领导者尤其是小团队管理者与员工走得最近，接触最多，管理者在工作和生活上要去理解、关心、帮助员工，对员工提出的合理意见和建议要积极采纳或向上级反映，对员工出现的无意识的错误要给予理解包容，对员工的良好表现要表扬鼓励，尤其是对待新员工，更应如此。这样，员工就会因受到尊重而产生归属感。

俗话说"授人以鱼不如授人以渔"。授人以鱼，只能满足对方的短暂需求，而授人以渔，则会让员工实现终身成长。话说回来，赋能不是乱赋，帮也不是盲无目标地瞎帮、乱帮。而应在为员工提供帮助之前弄清楚他们的"需求"是什么。通常来讲，新员工由于经验不足，也缺乏相应的工作方法和工作技巧，要从这些方面快速赋能，使其尽快进入工作状态。

而老员工则具备相应的工作经验，同时也具备相应的专业技能。这类员工之所以还是"老员工"，而没能晋升，在一定程度上说明他们的工作可能只是在简单地重复，价值不高，缺乏创造力和开拓性，缺乏精进，因此，应着重围绕以上问题对他们进行针对性的提升，帮助他们实现真正意义上的精进与成长。

3. 带——带出高能的员工队伍

在日常管理中我们要讲求一个"带"字，"带"是"率领"的意思。带，就是以身示范，共同工作。要带好一名员工，带出一名高能的员工，管理者以身示范至关重要。

团队管理者要能够做到身先士卒，在关键时刻能挺身而出，在纪律上能严格要求自己，以身作则，给下属树立一个好榜样，不仅教会员工如何工作，同时还让他们意识到应该如何做人。

最重要的是，管理者的带动效应不是简单表现在带动别人"怎么干"上，更在于如何率领、感染、激励、赋能团队朝着既定目标勇往直前。

4. "传、帮、带"中的注意事项

在对团队成员进行"传、帮、带"时，要注意以下事项，否则将难以收到预期的良好效果。

第一，其身正，不令而行；其身不正，虽令不从。要带好队伍，团队管理者要做到洁身自好，俗话说"打铁还需自身硬"，带好下属要给他们做一个好榜样，以身作则，通过自己的实际行动来对团队成员进行潜移默化的积极影响。

第二，因材施教，因人而异。"兵无常势，水无常形"，"传、帮、带"的方法、技巧很多，应依据团队成员的具体情况合理进行，合适的才是最好的。必要的时候，可同时采用多种有效的方法，才能使团队成员快速完成从"合格"到"赋能典范"的转变。具体方法应因人而异，根据人的个性特征和实际情况采取相应的"传、帮、带"，要做到"一把钥匙开一把锁"。

第三，运用"传、帮、带"技巧，注重细节。带领团队，要从细节做起，同时应做到关注员工的生活，对下级一视同仁，但在工作中要注意做到界限分明，上下级分明。要善待员工，对他们出色的表现，要不吝自己的赞誉与鼓励，同时，如果发现错误就及时予以指正。

第四，保持充分沟通，对员工的工作不要"指指点点"。充分沟通之前，团队管理者也应调整好个人心态，不要以为自己是领导，就方方面面都强于下属，领导的主要工作是指导，而不是不问青红皂白地瞎指挥，更不是"指指点点"，那样只会打乱下属的工作秩序，让他们无所适从。对于你认为可能会出现的问题，应该积极和员工进行沟通，动之以情，晓之以理，而不是利用领导

权威，一味进行打压。而且，还要虚心接受员工的意见，如果对下属的意见不予理会，一味坚持自己的观点，沟通就难以达成预期效果，问题也就得不到有效解决。

四、保持好奇心和求知欲，持续学习

保持好奇心和求知欲是优秀人士的共性，赋能型员工也都具备强烈的好奇心和求知欲，愿意持续学习，具备较强的学习力。

赋能团队成员的学习力具体体现在以下几个方面。

1. 快速获取相关信息和知识的能力

当今是一个信息爆炸的时代，同时也是信息碎片化的时代，置身其中，我们每时每刻都要受到大量资讯的冲击，其中大部分是博人眼球、哗众取宠的无效信息。如何在信息碎片化冲击中获取有用的信息和知识，考验的是人的定力和分辨能力。

赋能团队成员要能分辨出对自己真正有用的信息和知识，并快速了解、学习、掌握，才能在竞争中占得先机，同时也要注意时刻保持信息的更新和知识的迭代，以跟上瞬息万变的时代步伐。

2. 适应时代发展要求，适时更新观念

所谓"凡夫转境不转心，圣人转心不转境"，其意思是，普通人喜欢改变环境，而不是转变自己的心境，而圣人恰恰相反，他们擅长改变自己的心境，而不是去试图改变环境。

这句话带来的启发是，我们所处的时代是飞速发展、快速演变的，个体不要试图去改变时代、改变环境，而应改变自己的观念，不断更新观念，从而更好地适应外部环境，适应时代发展的需求。

理解了这一点，我们才能顺势而为，才能不断用新观念和新思维去取代旧观

念和旧思维，才能与时俱进，归根结底一句话——智者顺时而谋，愚者逆时而动。

3. 具备创新思维能力

什么叫学习型组织？如果用两个字回答那就是"创新"，如果用四个字回答那就是"持续创新"。可见创新是学习型组织、赋能型团队的核心理念。

什么是创新？根据奥地利经济学家熊彼特在1912年的定义，创新就是一种新技术、新产品、新方法。简单来说，创新就是找出新的方法和技术，以应对不断变化的环境。所谓创新思维，则是善于用新方法、新技术来处理某些事情或解决某些问题。

可见，创新思维的特性表现在两个层面：第一，要有独创性的思维；第二，要能够产生开创性的结果或成果。创新思维并非一些发明家、天才才能拥有，普通人也能学会并具备创新思维。如何才能培育团队成员的创新思维呢？这需要机制、激励和文化的支撑，更需要团队管理者的创新管理。

4. 善于接受新的知识

找出本行业中最优秀的人，并想办法结识他们，向他们讨教经验。此外，要时刻关注行业前沿的知识，并尽可能去接触业内的一切相关信息，多看相关书籍、报纸杂志，这样处处留心，日积月累，你就能够逐渐利用这些经验、知识，将自己也打造为行业中的专业人士。

5. 了解自己的优势和天分所在

所谓兴趣是最好的老师，尽管人们常说勤能补拙，但是如果能在一开始就往自己最擅长、最感兴趣的方向去努力的话，那又何必花费大量时间和精力去"补拙"呢？正确的做法应该是，将少数时间花在改掉缺点上，真正的重点是强化自己的优势，这样，久而久之才能打造出非凡的竞争力。

6. 敢于提出一些"愚蠢"的问题

任何人都不可能一开始就是专家，中间都有一个学习与提高的过程。每一名专家都是从菜鸟成长起来的,因此,若想成为所在领域的专家,就要不耻下问,甚至敢于提出一些看上去很弱智、很蠢的问题,这恰恰是快速成长的一个必经过程。而且,用发展的眼光来看,很多问题只要有助于自己的成熟和成长,事实上,它们也并不弱智,并不蠢。

7. 对学到的东西进行系统思考

在美国管理学家彼得·圣吉《第五项修炼》中,系统思考就是一项修炼,系统思考可以使人了解与现实世界之间的距离,它强调用整体的观念去看待周围的事物,要学会用广角镜看世界,可以帮助我们认清事物的整体发展演化形态,从而更好地应对变化,开创新局面。

简单来说,创新就是找出新的方法和技术,以应对不断变化的环境。所谓创新思维,则是善于用新方法、新技术来处理某些事情或解决某些问题,以增强个人在工作中的全局观和思维上的系统性,避免出现片面思维,进入思维误区。

8. 做到学习化生存

所谓学习化生存,是指让学习充分融入自己的生活和工作中。要利用各种整块的时间和碎片化时间,去学习新观念、新知识、新思维、新技能,并将之用到工作和实践中去,做到真正意义上的学以致用。

五、让良币淘汰劣币

"劣币驱逐良币",原本是一个经济学名词,它指的是:人们把成色好的货币即良币藏起来不用,而只使用成色差的货币,导致市场上最后只有成色差的货币在流通。具体到企业的人力资源,也存在"劣币""良币"之分,一旦管理不当,让"劣币"得势,那他们也必然会限制"良币"才能的发挥空间,成为"良币"前进的拦路虎,"良币"就会选择将才能隐藏,默默无闻,忍受不了的人会选择离开。这样久而久之，企业中留存下来的就只有比"劣币"更劣的"脓包"，给企业发展埋下重大隐患。

要避免这种现象的发生，需对团队成员作出有效评价，并在此基础上对他们进行针对性管理，进行绩效评估，做出相应的激励与惩罚措施，让"良币"留下，将"劣币"淘汰出局。

通过对"劣币"的淘汰，让赋能团队实现成员的优胜劣汰，是组织重组和焕发团队活力与激情的关键举措。

尽管团队成员变动的短期代价颇高，但团队领导者仍应放眼未来，通过保持最适度的流动率，在组织稳定及成员担当之间取得平衡，以通过"新陈代谢"来提升团队的整体竞争力。管理者在关注量化数据的同时，也必须关注流动率的质量，以确保团队相关留才措施是留住那些关键人才，而并非低绩效者。

"只有让不合适的人走掉，才能把合适的人留下。"这是保持团队良性"新陈代谢"的关键。"在不能确定谁适合团队的时候，你至少可以发现谁不适合团队。"

团队成员的合理更替，既保持团队的流动性，又保持团队的相对稳定性，有诸多益处。

第一，适度引进新成员，能够实现团队的"新陈代谢"，为团队带来新气象、新风貌，尤其是年轻的团队成员，其思维更开放，能为团队注入充分的活力和创新力。

第二，在人员优胜劣汰过程中，可以将不胜任的员工淘汰出局，为团队节约人力成本。

第三，对胜任度较低员工的淘汰，能够提升团队整体胜任度，提升团队的整体工作效能。

第四，优胜劣汰的过程，也是团队管理水平不断进化的过程，同时也能够进一步强化管理者的领导水平和管理责任，激发团队不断优化、迭代。

我们的员工大致可以分为四种。

第一种，优等员工。这种员工能力强，工作态度积极端正，让领导最省心，最受上级欢迎，但数量也少。

第二种，合格员工。这种员工往往具备较高的职业素养，只是专业技能和工作经验有所欠缺，这些是可以通过学习和时间加以弥补的，假以时日，是能够将他们培养成胜任的员工的。

第三种，瑕疵员工。在某些方面存在较大的缺陷和短板，很难通过后天的培训和学习加以弥补。比如，性格上的缺陷，崇尚个人英雄主义，缺乏团队合作意识和大局观。与此同时，这类员工往往具备特殊的才能。比如，某些技术天才，在沟通能力上存在难以弥补的缺陷。

第四种，不合格员工。这种员工既不具备基本的工作技能、工作态度和职业素养，也不符合企业的文化要求和用人要求，充满负能量和负面思维，就是团队的害群之马。

我们所言的问题员工多是后两种，对于第四种员工，没有什么值得纠结的，可以果断将他们淘汰出局。但是对于第三种问题员工，尽量通过沟通、培训、赋能的方式予以挽救、挽留，使之能够胜任赋能团队的要求。

第五章　用激发而非控制的方式带领团队

赋能团队领导者应降低传统权威和命令在日常管理中的比重，多扮演教练的角色，用教练而非命令的方式教导下属，赋予团队成员荣誉感，恢复对个体的尊重与信任，并致力于学习型团队的打造，居安思危，团队才会形成充满激情和创新活力、勇于面对挑战、人人积极自我实现的赋能文化。

一、用教练而非命令的方式教导下属

赋能团队领导者需降低传统权威和命令在日常管理中的比重，多扮演教练的角色，用教练而非命令的方式教导下属，团队就会形成充满激情和创新活力、勇于面对挑战、人人积极自我实现的赋能文化。

"一流的、伟大的领导人，无一例外都是最伟大的教练。"团队领导者要给员工提供一个施展才能的舞台，让员工掌握必要的工作技能，提供必要的设备和工具，逐步扶助员工去独立开展工作。

团队领导者在扮演教练角色时，要注意激发员工潜能，创造极致，促使团队成员之间互相鞭策，互相激发潜能。这对领导者来说，是一个不小的挑战，它意味着领导者要将弘扬正确的工作价值观视为自己的使命。而更大的挑战，则是帮助并促使团队成员实现自我管理，领导者要将"学习—思考—实践、检讨—反省—磨砺"这一流程转变为员工每一天的必修课，在这个过程中，领导者需要严于律己，以身作则，并时刻不能忘记对下属进行言传身教。

1. 做好教练的基本特质

做好教练角色，领导者需具备如下几个特质。

第一，和员工之间彼此信任。只有上下级之间相互信任，团队领导才能真正和员工沟通。否则，如果没有员工的充分信任，管理者将很难开展工作，对下属的指导与鼓励也很难发挥作用。

第二，具有十足的耐心。在扮演教练角色时，领导者免不了要对员工进行言传身教，这是一个事无巨细的过程，再加上每个人的理解接受能力有着很大的差异，所以需要具备超乎寻常的耐心，否则这种工作将难以展开。

第三，稳定的情绪。情绪稳定是一项重要的领导素质，尤其是在发挥教练职能的过程中，由于员工水平参差不齐，其接受领悟能力也是千差万别的，对一些领悟能力差的员工，管理者在辅导的过程中很容易情绪化，而领导的情绪化则会进一步打击员工的积极性，削弱其领悟能力。因此，管理者务必保持情绪稳定，以平静的心态对员工施教。

2. 教练的身份特征：抽离、客观、中立

人由于所处位置的限制，都会存在一定的立场。作为团队管理者也是如此，要么是站在组织的立场或团队的立场，要么是站在个人的立场去处理问题，这本无可厚非，但是扮演教练身份时，太过明确的立场往往会陷入本位主义，从而导致在辅导员工过程中过于主观化、过于自我，出现偏颇。

要扮演好教练的角色，就要避免以上情况的发生，就需要培养自己抽离的、客观的、中立的能力。

所谓抽离，是指让自己抽身于事件之外，以一种忘我的精神专注于事件本身，专注于教练工作本身，尽可能摒除主观因素和个人立场的影响。

所谓客观，就是要以旁观者的角度去公平、公正、公开地处理问题，发挥教练职能，让团队成员心服口服。

所谓中立，即将评判的权限交给员工，让他们去独立决策、独立完成工作，在此过程中，管理者要保持中立的态度，从而培养员工的独立工作能力。当然，

管理者要保持事后的评判权力。

3. 担负起教练的职责

教练职责不是偶发的职能，而是一项连续的工作，需要长期坚持。其职责主要表现在以下方面。

（1）明确对员工的期望

管理者要通过深入的当面交流，向员工传达团队对其个人的职业定位和期望，让员工明白其未来的职业生涯走向和努力方向，增强员工对团队的认同感、归属感，同时也能激发其追求卓越的信心和动力。

（2）制定目标并分解到人

领导者应基于组织目标来制定团队目标，并进一步将团队目标分解到每一个团队成员身上，帮助员工制定个人目标，这样团队目标才能得到充分的分解，有助于进一步落地。

（3）鼓励员工的工作激情

充满激情的领导才能带出激情四射的团队，特别是在员工状态低迷、缺乏信心、茫然无措、畏惧困难工作时，管理者要及时鼓励员工，给他们打气，让他们重拾信心，爆发出工作激情，勇于接受一切挑战，以饱满的热情和信心面对工作。

（4）让员工意识到路还需要他们自己去走

再出色的汽车教练也不能代替员工亲自上路行驶，企业教练也是如此，教练的职能是帮助员工尽快步入正轨、进入状态，只有他们亲自去走，亲自去努力，去不断试错，最终才能找到属于自己的职业发展道路。

（5）及时进行反馈

通过管理者的辅导，员工将学习到的新思路、新技能运用到工作中，对于工作中哪些地方值得肯定，哪些工作完成得比较出色，哪些工作做得不尽如人意，哪些方面还需要提升……所有这些，员工都需要从上级的反馈信息中获得。这对提升团队成员的工作能力，是一个必不可少的环节。

4. 教练工作的三阶段

教练工作的推进是一个渐进的过程，包括以下三个阶段。

第一个阶段：讲解和示范。

讲解与示范的目的是向员工传达如下事项：

· 该项工作的意义与重要性。
· 该项工作的执行流程、要点与标准。
· 该项工作的关键节点、容易出错的环节。
· 员工在工作中的职责和角色定位。

第二个阶段：员工动手实践。

员工动手实践的过程，既是一个学以致用的过程，也是一个管理者对员工授权的过程，因此，既要放手让员工大胆去独立完成，也要做好相应的监督与检查工作。

第三个阶段：员工具备了独立工作能力。

在对员工进行过相应的指导并经其动手实践后，如果没有什么意外，那么就可以让他去独当一面、独立工作了。

二、尊重和信任个体

赋能的关键在于寻找人的潜能并花时间将潜能激发出来，而只有恢复对人的尊重和信任，才有可能真正把团队成员的欲望和潜能激发出来，并转化为组织行动力、战斗力。

德鲁克在其著作《明天的里程碑》中提出了"知识型员工"这一概念，他将知识型员工的内涵界定为"那些掌握和运用符号和概念，利用知识或信息工作的人"。

在《21世纪的管理挑战》中，德鲁克再次指出，在21世纪，管理需要作出的最重要的贡献就是提高知识工作和知识工作者的生产率，而组织（包括企业和非营利性组织）最有价值的资产是知识工作者及知识工作者的生产率。该书指出了知识型员工的三个特点：

第一，知识型员工通过正规教育来获得工作和社会地位。

第二，知识型员工以团队的形式进行工作。

第三，知识型员工的工作是有组织的，通过组织才能将知识型员工的知识化为工作成效。

在当今知识经济和信息时代，这种知识型（创造型）员工无疑会越来越多，占企业员工的比重也越来越大，对这些人才，如果管理得当，那么对企业而言将是一笔宝贵的人力财富，如果管理不当，则是巨大的人才浪费。

如何更加行之有效地去管理知识型员工，成为当今各级团队领导者的一项不得不面对的工作。

赋能知识型员工，释放他们的欲望和潜能，尤其需要充分的尊重和信任。

1. 恢复对人的尊重

对人才以礼相待，以尊重相待，自古以来都是打动人才为己所用的不二法门。

1923年，福特公司一台电机出现故障，公司技术人员都无法排除故障。后来，有人找来了一个名叫斯坦因曼恩的工程师，他来到电机旁检查了一番后，用粉笔在电机的某个部位画了一条线，说："这里的线多了16圈。"

福特公司的技术人员当即拆开电机，将线圈去掉了16圈，电机果然恢复了正常运转。

总裁亨利·福特得知后，感觉斯坦因曼恩是个奇人，不仅给了他一万美元酬金，还亲自邀请他加入自己的团队。斯坦因曼恩却婉言拒绝了，他说："我现在的公司对我非常好，我不能作出忘恩负义之举。"

原来，其中另有故事。斯坦因曼恩原本是德国人，由于国内经济不景气，他孤身一人来到了美国，走投无路之际，一个工厂的小老板收留了他，还让他出任技术员。现在，斯坦因曼恩之所以不愿意离开那家小厂，是因为他不想辜负曾在自己最困难之际帮助过自己的人。

了解了其中原委后,福特对斯坦因曼恩的人品更加赏识,也更加渴望得到这名人才,但是明着又挖不过来,怎么办?

福特在董事会力排众议,作出了一个让很多人大跌眼镜的决定:收购斯坦因曼恩所在的那家小工厂。董事会成员都表示不理解,福特给出的解释是:"因为那里有斯坦因曼恩。"[1]

如此重视人才,让人动容,也难怪福特会成就百年伟业。

人非草木,孰能无情?当你真正放下姿态,发自内心地尊重员工,何愁找不到适合自己的人才。对员工的尊重主要反映在三个层面上。

第一,要尊重员工的人格。任何人都有被尊重的需要,如果你能让员工感觉到他们的人格受到了很大的尊重,那么自然能够获得他们的同等尊重,能够提高上下级配合行动的效率。

第二,要尊重员工的意见。其目的是充分发挥群策群力的作用,让员工积极参与到工作中去,为团队工作建言献策,对于员工提出的合理化意见要予以肯定和采纳,使其对团队工作的参与度、融合度越来越高,进而提高自主工作能力,成为独当一面的人才。

第三,要尊重员工的发展需要。员工参加工作的目的不仅仅是获得物质报酬,他们还有职业发展和自我实现的需求,管理者要给予员工充分的尊重,给予其能够施展才华的空间,帮助其自我实现。

2. 恢复对人的信任

团队领导者要相信信任的力量,日常沟通中,上下级能否彼此互信,关键在于上级。以下几个要点,能够帮助领导者在自己的团队内真正建立信任。

第一,要建立一个互信的工作环境。团队领导者要以身作则,致力于打造一种互信的团队工作氛围,并有相应的制度和流程作保障。

---

[1] 刘翀:《跟德鲁克学领导力 做卓有成效的管理者》,中国法制出版社2014年版,第52—53页。

第二，分享信息。团队信任关系不是停留在口头上，也不是表现在一些细枝末节的工作上，真正的信息分享，包括敏感信息甚至是机密信息的分享，如组织和团队的未来商业计划、财务数据、团队绩效数据等信息的分享，能让团队成员深入了解相关的工作信息，从而加深其归属感，使其深切地感受到"我和团队在一起，我们的命运休戚与共"。

第三，诚恳待人。团队上下级之间要保持一种开放的心态，做到开诚布公、诚恳待人，这是形成团队互信、提高团队凝聚力的基础。

第四，经常交谈反馈信息。团队管理者要定期同团队成员进行交谈，要覆盖到每一名团队成员，用来了解他们的工作状态、工作进展，包括他们在工作中所遇到的问题、困难及挑战，对于表现突出的员工，要给予充分的肯定和激励，对于需要帮助的员工，则应及时给予指导和引领，避免团队整体工作方向的失控。

第五，积极解决问题。面对团队内部问题，要敢于摊到桌面上去解决。在解决问题的过程中，要掌握一个基本原则：沟通的目的是让问题得到解决。因此，一切不利于该目的的实现的行为都要尽可能避免，如互相指责、刁难、批评等。

第六，勇于承认错误。领导者也有犯错的时候，这本无可厚非，关键是要勇于承认错误。领导者如果敢于公开承认自己的错误，不仅不会削弱自己的领导权威，反而有助于塑造有担当、有格局、值得信赖的领导形象。

三、建立心理契约

在管理中，心理契约是处理员工同组织关系的一个重要部分，反映的是员工同组织关系中的心理状态，其主要衡量指标是工作满意度、工作参与度和组织承诺。

打造心理契约的关键在于，要让员工在工作中、团队中、组织中产生归属感、幸福感，给他们一个心灵的归宿。

1. 提升员工幸福感

不论企业管理层如何重视提升员工的幸福感，最终还是要靠员工的亲身体验。因此，要为员工创造心灵的归宿，不仅体现在整个企业的制度层面，也体现在更多和员工直接接触的管理层面；不仅体现在物质方面，也体现在精神方面。从这一意义上讲，在增强员工幸福感这一问题上，企业领导者和各级团队带头人可以发挥很大的作用。

第一，要站在员工的角度，设身处地地想他们所想，急他们所急，要让员工感受到企业的一切想法和措施都不是在走形式，都是能够带来切实效果的，千万不能让员工感觉到你仅仅是在做样子、走过场，这会让他们大失所望。

第二，要全面权衡各项管理措施，一定要覆盖到组织、团队中的所有人，而不能顾此失彼，有失公平；另外，这些措施还要覆盖每一个员工工作的整个历程以及离职、退休后，不能让员工看不到未来的希望。

第三，要科学分析员工的个体特征、个体的心理需求，不能搞"一刀切"。在应对措施上既要有精神层面的，也要有物质层面的，总之，要因人、因时、因事而异。

第四，提升员工归属感、幸福感的措施应是可持续的，不能朝令夕改，或者今天做了，明天就停下了。实现管理措施可持续，一是为了让员工有安全感，二是也可以让以前的员工现身说法，分享其成功经验。这样做要面临的一个挑战是，这种管理措施上的可持续性，既需要从企业组织的实情出发，也需要组织的大力配合与支持，否则就难以实现。

2. 关爱员工的成长

员工是团队、组织的宝贵资源，要通过一切可能的方式去关爱员工的成长。

第一，打造温馨的团队之家。家和万事兴，要让经营团队如同经营自己的小家庭一样，如此才能让所有的员工同心协力。营造企业之家，要求管理者时刻关心员工，时刻肯定员工，必须让员工感觉到家一般的温馨与关怀。

第二，创造快乐的团队环境。要注意缓解员工的思想压力，让他们快乐地工作。同时，还应不断改善员工的工作环境和工作条件，提供职业福利，不定期组织集体活动，如聚餐、旅游、团队拓展活动等，用来调节员工的身心。

第三，提供学习机会和学习平台。赋能团队崇尚团队学习，只有满足员工的学习需求，为团队学习创造便利条件、提供学习平台，才能让员工在学习中成长，实现共同成长和团队共赢，赋能团队的打造才有着落。

第四，建立完善的晋升机制。要确保每个团队成员都有自己的职业生涯发展规划，每个人都有自己的成长通道和晋升通道，即使员工无法都晋升到管理岗位，也要设计专业的成长通道和提升通道，避免团队成员的裹足不前、原地踏步，同时，也让所有人都有自己的发展目标和奋斗目标。

关爱员工也有讲究，也要因人而异，因制度而异，具体应根据员工的不同发展阶段与个性特点区别对待。

3. 建立谈心制度

思想政治工作历来是中国共产党的建设工作中的一个重点。比如，谈心谈话制度就是这种思想政治工作的一个表现。

团队领导同样也需要学习这种谈心制度，对员工的心理问题要及时解决，增强员工的向心力。团队管理者要切实从心理上对员工予以关心、关注，掌握其心理状态和心理变化。

员工的心理管理是团队管理中的一个重要方面，它往往直接决定着团队核心队伍的稳定和组织效益。因为，只有当员工在一种愉悦的心情下工作时，他才能以积极的心态来完成任务。反之，则可能事倍功半。

员工心理管理的关键在于降低负面心理因素的影响，一方面，管理者要化身心理专家，学会疏导员工的负面心理和负面情绪。另一方面，要教会员工缓解压力和管理情绪的方法，让他们自我化解心理问题，必要的时候，要从外部邀请心理专家对员工进行培训和心理疏导。

此外，也可以通过在团队内建立心理疏导小组或心理沙龙的方式来进行心理管理，如经常举办一些小型的压力管理的沙龙，帮助员工了解和管理自己的压力。

四、赋予无上的荣誉感，激发团队潜能

在电视剧《士兵突击》中，有这样一个场景：钢七连第 5000 名士兵马小帅的入连仪式，看过这部电视剧的观众都知道，这是一个相当神圣的仪式。每一名连队指战员都为他们是钢七连的一员而感到极其自豪，哪怕是在钢七连已经不复存在时，它的"不抛弃，不放弃"的连队精神仍在它的成员中传承。

钢七连之所以让它的士兵有一种发自灵魂的荣誉感和自豪感，是因为它是团部最优秀的连队，全部由尖子兵组成，所以钢七连的人有一股发自内心的自豪感，连长高城更是把它作为骄傲的资本。钢七连的人都本领过硬，作风耿直，"眼里揉不得半点沙子"，马小帅让我们印象最深的入连仪式，还有他那句灵魂的呐喊："别以为我来七连没几天，就长不出七连的骨头！"

能让成员产生荣誉感的团队，是永远也打不散、垮不掉的，团队成员也轻易不会离开，更不会背叛团队，即使离开，他们也会对团队精神念念不忘。这是团队建设和团队赋能的一种高级状态。

衡量一个团队成功与否，一项很重要的指标是团队能否给其成员带来一种荣誉感。

1. 向成员传达团队的光辉历史和传统

钢七连就是这样一个团队，它不仅现在是由各路精英组成的，而且有极其辉煌的过去。这种过去的辉煌同样可以从《士兵突击》中一个场景中看到，那是第 4956 名士兵许三多的入连仪式。

一个有着悠久历史和辉煌战绩的团队，能够对后来者产生非常大的激励作用，会让团队成员更具荣誉感和归属感。

2. 良好的工作环境能够给员工带来自豪感

这里的工作环境包括两个方面，一方面是办公硬件环境，另一方面是氛围。

第一，办公硬件环境。如果有两家公司，其中一家在位于北京CBD的中国尊，另一家在某个郊区不知名的居民小区内。显然，在前一个公司上班，更会让员工产生荣誉感。很多大公司深谙这一点，于是不惜重金打造一流的办公硬件环境。

很多时候，员工的满意度和自豪感来自一流的工作环境，如国际大都市CBD的5A级写字楼、专属停车位、私人独立办公室、顶级品牌的人体工程学按摩椅、专属秘书等。

第二，氛围。团队管理者如果能够掌握创造良好工作氛围的技巧，并将之运用于自己的团队中，那么将能够有效识别那些缺乏效率和对效率有负面影响的行为，并能够有效地对之进行规避，从而有助于团队在高效、轻松的氛围中获得有创造性的工作成果。只有亲切、温馨的融合氛围，才能让员工在放松的状态下快乐地工作，只有快乐工作才能带来卓越的业绩。

3. 不要忽视"小恩小惠"的力量

如果你所在的组织、团队，既没有悠久的历史，也没有辉煌的过去，甚至没有给员工创造一个舒适的工作环境，那是不是就没有办法让员工产生自豪感了？答案当然是否定的。

某公司在创业初期，给予员工的报酬并不高，但这并不能阻碍员工的自豪感，因为该公司经常会给员工一些"小恩小惠"，经常给员工发放一些帽子、T恤之类的小礼物，上面印有公司的LOGO，尽管价值不高，但却能让员工收到意外的惊喜，不经意间就会产生一种对公司的归属感和自豪感。可见，有时候一些"小恩小惠"也会让员工产生荣誉感，其中团队管理者起着关键的作用。

五、释放团队激情

对员工激情和才能的发掘是当前团队赋能理念的精髓所在。耶鲁大学经济管理学院教授哈马斯·埃尔在接受美国《商业周刊》采访时强调，领导者要把激情传递给组织的每一个成员，可以利用两种力量：一种是恐惧，表现为担心，如担心失去事业、爱情和家庭；另一种是诱惑，表现为对美好愿景的向往。这是行为发生改变的两种动力。如果一个人不能被诱因激发，那就用恐惧，使其被动地产生激情，并传递激情。领导者要学会用语言来塑造组织成员的思想，用故事来改造组织成员的思维，比如小品就是用语言来徐徐诱导你进入它的情境。但前提是，领导者本人必须是个充满激情的人。

要让员工有激情，领导者要先有激情，才能带动团队有激情，让团队的每一个成员都有一种勇于挑战现状、改变现状的决心。

毋庸置疑，激情就如同团队的生命，只有将激情传递给团队的每个成员，让每个成员都充满激情，这样的团队才更容易在竞争中胜出。

1. 拥有激情式的团队领导

激情的团队首先要有充满激情的领导，才能完成激情的传递。但一时的激情容易做到，难的是持久的激情和充沛的动力。通常，激情的产生可借助以下途径。

第一，不断进行"自我否定"。"自我否定"能够带来不断突破自我的动力和激情。"自我否定"包括对既有管理方式、团队业绩的不满，敢于同过去的自己决裂，忘掉过去的成绩，以饱满的热情迎接新的挑战。

第二，不断为自己充电。管理者的激情来自内部能量，当内部能量不足时，激情也会难以为继，因此要不断为自己充电，补充能量，即通过学习、沟通交流、不断吸取别人的意见来提升自己的认知和能量层级，不断为个人赋能。

第三，适当的冷处理。管理者不仅要自己充满激情，而且要将激情传递给整个团队，但激情的传递有时也需要进行冷处理，因为再持久的激情也会有高潮，有低谷，低谷期是为了更好地蓄势、更好地爆发。

2. 将激情传递给团队全员

团队管理是一门艺术，将激情传递给团队成员同样要讲求艺术。在传递激情的过程中，急于求成是不可取的，一定要坚持有序地注入。就像给花卉浇水一样，不能将一桶水一下子全部浇光，而应该一点一点地喷洒，叶片、根茎都要浇到，这样才有利于花卉的生长。激情也是一样，只有有序地注入，才能被员工有序地吸收，才能真正发展成团队前进的动力。

将激情传递给员工，首先你要明白怎样的员工才算得上有激情。摩托罗拉公司的"激情5E"法则，直接地诠释了员工激情的表现：

Envision：了解公司和行业前景，对未来充满激情，具有激情的动力。

Energy：具备非凡的凝聚力和创造力。

Execution：高效行动的能力，具有激情的表现力。

Edge：敏锐的判断力。

Ethics：具备团队合作意识，具有激情的道德力。

摩托罗拉公司为激情员工进行的画像只是一种理想中的状态，现实中的员工则往往存在与这种理想状态相抵触的诸多"不和谐"现象，要想让你的员工都达到这种充满激情的理想状态，就要帮助员工去消除那些"不和谐"现象，它们主要是指如下内容。

第一，工作倦怠感。所谓工作倦怠感，是指人们在快节奏的紧张工作中，由于长期承受压力而产生的身体上的疲倦感以及心理上的焦虑感、无力感，既有身体上的倦怠，也有心理上的厌倦与不适。

要消除员工的工作倦怠感，领导者可以从以下几个方面入手。

（1）重新进行岗位描述，明确员工的工作职责，帮助员工设立工作目标，并为他们进行合理的职业规划。

（2）实行团队内轮岗制度，通过改变员工的工作内容、工作量和工作方式为员工带来新鲜感。

（3）让工作内容更加丰富，对一些不能够进行轮换的岗位，可以通过目标多样化、工作丰富化来提升员工的工作热情。

第二，安于现状，不思进取。安于现状、不思进取的员工是很难产生工作激情的，要改变员工的这种负面情绪，管理者要做的工作有：加强员工的使命感、责任感和抱负感，让他们始终处于一种居安思危的状态；为员工提出切实可行的目标，其中既包括长期目标、大目标，也包括中短期目标和小目标；在团队内部、员工中间培育竞争意识。

第三，没有持之以恒的决心，动辄放弃。轻易放弃最容易挫伤激情，也无助于伟大事业的达成。荀子曰："骐骥一跃，不能十步；驽马十驾，功在不舍。"人的成功也一样，在于坚持不懈，在于持之以恒。

第四，对工作敷衍了事。习惯敷衍了事的员工是与激情无缘的，因为他们无法把工作当作一种乐趣，而只是一种不得不接受的苦役，因而在工作中通常会缺乏激情。

对于敷衍了事的员工，应着重培养他们认真、负责的工作态度，在工作中尽善尽美，尽自己最大的努力。

第五，工作拖延。拖延是激情的大敌，它有很多外在的伪装——懒惰、漠不关心、健忘、得过且过，但这些伪装的后面通常有一种情绪：畏惧工作。畏惧导致拖延，而拖延则会导致更深的畏惧情绪。

对于习惯拖延的员工，应让他们养成把握当下、立即行动的习惯。要让他们明白，职场就是战场，工作如同战斗。要想立于不败之地，培养个人激情，打造持久的竞争力，就必须摒弃拖延的恶习，养成"日事日清"、立即执行的良好习惯。

六、学习型赋能团队

赋能团队要全员学习，目的是形成团队"三共"：共识，共鸣，共振。这"三共"是有先后顺序的，首先是取得"共识"，其次是产生"共鸣"，最后才能形成"共振"，从而实现向学习型团队的转化，实现高效赋能，提高团队整体能力。

团队是学习型组织的基层学习单元，团队学习介于团队成员个人学习和组织学习之间，是实现学习型组织的关键环节。《21世纪学习型组织》一书的作者沃特金斯和马席克认为，"在现代组织中，是团队而不是个人成为基本的学习单位"。因此，学习型赋能团队的打造是学习型组织的重要根基。

1. 先决条件——团结、协调、和谐的团队氛围

团队学习比个人学习存在更多的障碍，因为团队是由不同个性的成员组成的，每个人的个体自我保护心理必然会造成团体成员间相互猜忌，从而导致群体学习效率的低下。

通常，如果内部存在恶性竞争，成员之间互相敌视拆台，那么，这样的团队就很难成为一个学习型团队。所以说，要想成为学习型团队，其先决条件是必须有团结、协调及和谐的内部气氛，唯其如此，团队内部的成员才能善于互相分享知识。

2. 学习型团队核心——建立"自学机制"

在团队内部建立自学机制的目的在于让团队成员养成自下而上的学习习惯，同时配合自上而下的学习环境营造，让团队成员主动去学习，充分发挥个人主观能动性去自学，去自我提升。

3. 学习型团队的特征——系统思考

团队学习是团体学习、全员学习，因此在学习的过程中要强调系统思考，站在团队系统的层面去进行学习，避免线性学习、孤立学习。简单来说，团队成员的学习都要服从团队的大局和需要，实施全员学习、全过程学习、终身学习。

4. 倡导"能者为师"

"三人行，必有我师。"每个人都有其擅长的优势，都有自己的闪光点，这些都是值得别人学习的地方。团队学习的重要一环就是团队成员间的互相学习，积极向能力出众者学习。因此，团队领导应当积极倡导"能者为师"的学习理念，让具有特殊优势和才干的团队成员扮演老师的角色，向其他人传授知识、技能，充分发挥个人所长，来提升团队整体素养和能力。

5. 在团队内形成学习机制

打造学习型团队既不能靠口号，更不能走形式、装门面，必须有一系列的机制作保障。比如，建立学习制度，提供物质保障，形成激励机制，将组织的学习要求与员工的学习自觉融合互动、相得益彰。这些机制包括：

第一，动力机制。建立同团队学习相匹配的激励机制，让员工的学习成绩和学习成果同晋升、待遇等关联起来，提高员工学习的动力和积极性。

第二，评估机制。对团队成员的学习成效应予以评估，评估小组由团队领导和相应的专业人士组成，按照既定的标准和流程，定期对团队成员的学习效果进行科学、公正的考核与评价，评价结果要综合激励机制，给予相应的奖惩。

第三，投入机制。学习型团队的打造需要付出成本，通过建立团队学习基金、奖励基金的方式来构建团队学习的物质基础，才能真正同动力机制和评估机制形成闭环。

6. 学习要能为员工带来切实的好处

员工其实真正抵制的是那种大而空的学习，因为这种学习不能给他们带来明显的进步和成长。因此，针对员工的学习和培训，一定要结合各个个体的实际情况，结合他们的职务、工作中遇到的问题和成长瓶颈来进行，如此才能收到事半功倍之效，才能让他们真正有所收获，进而提升自己的工作能力。

七、营造强烈的危机感

团队管理，切忌进入例行公事模式。因为，一旦开始了例行公事式工作，就意味着工作状态开始僵化。而僵化的工作状态显然是难以适应日益变化、竞争日趋激烈的市场的，它会使人失去上进的欲望，失去竞争力，走向失败的深渊。

如何才能让团队成员摆脱例行公事式的工作呢？需要为其营造强烈的危机

感，强迫他们居安思危，做出改变，摆脱惰性，时刻保持危机意识，适度的危机感和危机意识能够使员工保持一种高欲望状态，提升个人和团队对成功的渴望。

我们经常会看到一些企业的办公楼上贴着这样的标语："今天工作不努力，明天努力找工作。"

对员工的危机激励，其目的并不仅仅在于唤醒员工的危机意识，也包括满足他们的好奇、积极探索的需要，刺激员工不断践行自己工作上的新思路，鼓励和支持他们去冒险，去创新。因此，可以适当创造一点儿危机感，不断给员工提供一些动力，使之处于高欲望状态。

营造团队危机感，进行危机激励的最终目的并不是让团队成员收获危机感，它是一种独特的团队赋能手段，真正目的是激励大家不断提升自己的欲望和野心、挑战自我、激发潜能、追求卓越。

1. 给团队以危机感

太过安逸、稳定的团队氛围，往往难以应对变化，一旦危机出现，通常会束手无策，坐以待毙。因此，团队必须保持适度的危机感，让员工切切实实感受到工作的压力，如此才能更好地适应激烈的竞争，团队才能始终保持充分的活力和进取心，从容地面对一切危机和挑战。

2. 让团队成员保持一种适当的饥饿感

适当的饥饿感，能带来行动的欲望。让员工吃得太"饱"未必是一件好事。我们看到太多的公司元老级人物，由于待遇丰厚、功成名就甚至实现了财务自由，"吃得太饱"，而失去了进取心和斗志，躺在功劳簿上裹足不前，成为团队和组织的累赘。

团队领导者要设法避免这种情况的发生，必要的时候可以让"吃饱"的员工退居二线，让仍"饥肠辘辘"的人顶上去，冲进前线。

3. 让团队成员保持一定的不安全感

安全感是人类的一种本能性需求，但是过于安逸的环境，又会磨灭人的斗志和欲望。事实上，人的一生多数情况下都处于一种不安全状态。

因此，让赋能型员工怀有一定程度的不安全感，也是组织、团队充满正能量和战斗力的催化剂。华为充满危机意识的企业文化，让整个组织实现了抱团取暖，锐意开拓进取，共同积极面对充满了风险、未知的全球市场，才有了华为人在市场上的"胜则举杯相庆、败则拼死相救"。

4. 适度的压力管理

人在很多时候都是被逼出来的，越大的压力，越多的挑战，越能加速逼迫其成为一个优秀的人才。

让团队成员充分施展才华，充分赋能，就要敢于给他们压担子。压担子，会使其产生被信任感和高度的责任感。俗话说："多深的地基多高的墙。"但是，地基本身并不会砌出高墙。要在深地基上垒出高墙，最重要的条件就是给员工提供用武之地，给员工压担子，使他们敢于挑战自己、超越自己，不断获得新知识，掌握新本领，不断有创新，不断去做挑战性强的工作。

压担子，会使压力变成动力。那些具有挑战性的工作不是轻易就能完成的，它会给人很大的压力。过大的压力会使人不堪承受，但没有压力则会觉得不踏实、困惑，更不可忍受。所以，在挑战中承受压力并使之变成动力，再加上聪明才智和不断努力，就会不断提升工作绩效。

第六章　去中心化的团队管理模式

相对传统团队只有一个权力中心（团队领导），赋能团队往往呈现多极化、多中心化的特征，具有不止一个权力中心。为去中心化，团队内部不设管理层级和部门，团队成员以项目、任务为目标，自发组成项目团队、任务团队，每一个项目团队、任务团队都是一个被充分赋能的小中心、小团队。

一、去中心化的管理模式

团队的中心化（centralization）和去中心化（decentralization），从字面上理解就是团队管理的集权与分权。

在传统的中心化团队管理模式下，团队只有一个权力中心，即团队第一领导人，由团队领导者逐级向团队成员发号施令，进行管理。

而在去中心化的团队管理模式中，团队则呈多极化、多中心化，团队内部不设管理层级和部门，团队成员以项目、任务为目标，自发组成项目团队、任务团队，每一个项目团队、任务团队都是一个被充分赋能的小中心、小团队。在项目完成过程中，小团队成员各司其职、充分配合，通常由发起人担任临时小团队领导人，负责项目和任务的推进与完成。

团队去中心化管理和中心化管理对资源的掌控度、管理模式是不同的，在中心化团队管理模式中，团队组织为传统的金字塔结构，大家服从最上层权力中心的指示和命令，一层层去落实。

而在去中心化的团队管理模式中，团队组织则是放射线结构，小团队、小中心围绕任务发起人而聚集，然后每个节点又可以自由连接团队、组织内的不同资源，安排小团队的任务和活动。

去中心化管理模式的团队具备如下特征。

第一，具备共同的团队愿景和目标。去中心化更多表现在组织形式和管理方式上，而非团队愿景和共同目标上。去中心化不是各自为政，而是必须保持统一的愿景和目标。

第二，由集权制变为多任务中心制。传统团队往往只有一个控制中心，而去中心化的团队则有多个任务控制中心，每个团队成员都可以根据团队目标和任务需求来灵活打造以个人为中心的小团队，成为小团队的控制中心。

第三，团队成员需要扮演各种角色。在去中心化的团队中，有着诸多灵活组合的小型任务团队，团队成员不再固守某一个岗位，而是要扮演多种角色，同时具备复合能力。

第四，去中心化的权力分布。传统团队通常是自上而下的权力分布，即团队权威主要来自团队领导。在去中心化团队中，权力则呈去中心化分布态势，团队权威不再是单纯地自上而下，而是呈现出多元化、立体化权力体系。

第五，团队成员具备高度的自我管理能力。去中心化团队是充分授权、赋能的团队，它是建立在团队成员高度自立、自治基础之上的。

第六，去中心化团队呈网状结构。团队成员不再是呈矩阵或直线结构分布，而是呈网状，每一名成员都处于纵横交错的网状结构中，每一个人的重要性都大大提升，都有可能给团队带来颠覆性创新。

第七，注重分享、互信、学习。去中心化团队具备自我精进的基因，能够在充分互信的团队氛围中进行团队学习，注重分享和共同成长。

去中心化的管理模式，是团队为了赋能团队成员而进行的管理模式和组织模式上的创新。

鸡蛋从外部打破是人的食物，从内部打破则是新的生命，一些具有前瞻意识和开拓精神的企业已经践行在团队管理模式创新的征程上了。

海尔作为我国的标杆企业，一直在进行着管理变革和自我变革，内部的众多部门都进行了重新定位，将以往大而全的集成式管理模式，变革为去中心化的孵化器式的创新企业组织，对内去中心化，致力于为员工搭建合作共赢平台，实现员工自主创业创新。

海尔内部正在打破传统组织的科层制桎梏，去除领导集权机制，而将企业部分打散为几千个去中心化的小微型创新组织，员工在小微组织内变身为创客，可以自动自发地进行自主创业创新。去中心化的小微团队具有鲜明的赋能团队特征——自创业、自组织、自驱动，从而将每一个员工的个人能力与价值充分释放。而传统意义上的组织、团队领导则化身为平台和后台支持系统，为小微团队的创客们提供创新、创业支持。

海尔打散了自身组织，从传统意义上的"控制者"转变为"放权者"，从"垄断者"转变成"支持者"，从"中心化"转变为"去中心化"，赋能小团队，从而形成了海尔内部极具特色的创客生态圈。

需要注意的是，在团队管理中，是否采取去中心化的管理模式，不能一概而论，更不能"一刀切"，中心化管理和去中心化管理模式之间，适合自己团队的管理模式才是最好的模式。

二、进行决策权力的去中心化

在传统概念里，团队的"决策"和"执行"职责是由不同的角色担当的，团队领导只负责做决策，大部分情况下，普通员工在决策出台之前是毫不知情的，他们的任务只是执行决策。在这种传统决策框架里，"决策"与"执行"之间必然会错位，会导致很多问题。

且在管理实践中，有很多团队的重大决策通常都由几个甚至一个高管进行，这种决策方式的风险非常大。因为，决策者个人所掌握的信息往往都是有限的，会存在很多思维或认识上的盲区，这种盲区有时会给决策留下致命的隐患。

而对于去中心化的现代团队和自组织团队而言，更应避免决策上的一言堂，在决策权力上也要做到去中心化，需要群策群力。

团队群体决策尽管效果明显,但也并不是所有情况都适用群策群力。

相对于群体决策,个人决策也有很大的优势,它的特点是决策迅速、责任明确,而且能够发挥领导者个人的主观能动性。但同时它也有很大的缺陷,即个人决策受其自身的性格、学识、能力、经验等制约,很容易出现决策失误。

团队决策的优点是可能会得到更完整的信息,产生更多的备选方案,屏蔽掉更多的决策漏洞和风险,以增加解决方案的合理性。

团队决策也存在缺点:不容易达成一致,决策效率较低,没有具体人对决策风险负责等。

团队管理者每天工作中,可能都会面临这个选择,到底是直接请上级个人作决策,还是提请会议作决策?

如果你想提高决策速度,个人决策是首选。

如果你想提高方案的完善性和创新性,团队决策是个好方式。

如果你想让这个方案在决策之后能够得到更多人的支持和协助,那一定要选择团队决策。

当然,在进行团队决策时,还需要判断与此项决策案最为密切的内部利益关联者是谁,对这项方案有足够影响力的人是谁,对这项方案最有专业发言权的人是谁。

比如,某公司采购部门要进行年度供应商筛选的决策工作,方案提交到公司总经理办公会议上作决策。采购经理深知,过去一年中最了解供应商提供产品情况的是公司的质检部门、生产制造部门、仓储部门和产品售后部门,因此,该决策会议除了请公司领导参加之外,还特别邀请了上述几个部门的负责人,他们到会之后,会根据经验从自己的视角,对公司供应商的选择给出合理化建议。

总的来说,团队作决策不同于个人作决策,因为要涉及团队的每一个成员,虽然俗话说人多力量大,但关键还要看是不是力往一块使。为了避免人多嘴杂,影响最终拍板的效率,团队在决策时应当考虑以下因素。

1. 设定好合适的最终拍板人

团队决策看似简单，其实不然，它是由几个不同背景的人去讨论一件事，很多情况下都是大多数人具有决策权力却没有决策的相关背景知识。比如，当讨论技术问题时，市场、人力和财务主管也有同样话语权的话，那结果将会不容乐观。因此，在每次决策讨论之前，一定要先设定一个最终的拍板人，也就是决策权归谁的问题，原则上应该让团队领导或知识背景与决策话题最接近的人做决策拍板人。

2. 团队成员间绝不相互埋怨

团队作决策时，会不可避免地出现一些错误的决策。当出现决策错误时，团队成员之间切记不要做"事后诸葛亮"，更不可去埋怨挖苦责任人，这样做只会摧毁决策者的信心和信任，让结果更糟。这时候应该做的是以理解的心态正视错误并且尽一切可能来挽回损失。

3. 团队成员能力均衡

团队成员之间的能力最好保持均衡。有擅长进行定性分析的，有擅长进行定量分析的；有擅长做整体分析的，有擅长做局部分析的；有擅长提出问题的，有擅长提出解决之道的；有擅长分析优点长处的，有擅长查缺补漏的；有擅长搞生产的，有擅长搞研发的，有擅长搞销售的，有擅长做人力的；有擅长分析企业问题的，有擅长分析行业问题的；有擅长批评艺术的，有擅长表扬艺术的；有擅长降低成本的，有擅长提高绩效的。

4. 性格互补

人的性格之间通常有三种关系：一是冲突关系，如一个人说东另一个人偏说西，一个人说正另一个人偏说反；二是类同关系，不论一方说什么，另一方都绝对支持；三是互补关系，即一个人提出某个观点，另一个人会从另外的角度进行补充，并提出自己的建议。

第一种关系，很难达成一致意见。第二种关系，容易产生共振，会导致错上加错。第三种关系，则可以取长补短、统筹兼顾。团队成员的性格最好是互补型的，这样作出的决策尽管可能会丧失大的机会，但绝不会犯致命错误。

三、匹配的人力评估模式和管理模式

去中心化的团队中，团队成员的话语权增加，工作自主性和创造性将变得更强，团队资源、权利、利益等要素的分配都会向一线员工倾斜。同时，团队结构变得扁平多元、部门边界更加模糊。

去中心化团队对成员的能力和态度要求高，也需要团队的人力评估模式和管理模式作出相应的调整。

1. 团队成员具备足够的自我管理能力

西门子公司主张"自己培养自己"，不仅要注重对员工的培训和职业教育，同时还要求员工提升自我管理能力，和公司共同进步。让团队成员实施自我管理需要具备一个前提，那就是员工应该是优秀的，有进行自我管理的潜质，这一点是值得每一个管理者用心关注的。

并不是每一个团队成员都有自我管理的能力，团队成员的自我管理能力可借助以下测评工具来作出评估（见表6-1）。

表6-1　自我管理能力测评工具

自我工作能力评估	A. 是否能在工作中发挥创造力？ B. 是否可以通过技能学习来提高工作质量？ C. 是否发生过由于上级的干涉而引起的失误？ D. 是否发生过由于报告不及时而让上级催促的情况？ E. 在工作过程中，面对自己解决不了的问题，是否会及时向上级反映？ F. 是否出现过由于擅自做主而影响合作的情况？ G. 是否能够在规定的时限内完成任务？ H. 是否制订周密的工作计划，并严格按计划推进工作？ I. 是否善于总结工作中的经验教训，并运用到今后的工作中去？

续表

评估自己 是否称职	A. 是否充分了解自己的职位？ B. 是否充分了解上级对自己的期待？ C. 是否充分意识到自己的合作对象对你的期待？ D. 是否能主动积极地担负起自己的工作责任？ E. 是否需要和别人合作履行自己的责任？ F. 是否对自己的职责负责到底，让上级一直信赖自己？ G. 是否勇于改善自己的绩效？
自我管理 能力评估	A. 在开始工作前是否先列出提纲或重要事项？ B. 对于上级交办的工作，是否都清楚它们的目的？ C. 是否善于借助各种好的工具？ D. 是否能找出完成工作的关键因素或两个以上的解决方案？ E. 是否能够准确估计出完成各项工作所需的时间？ F. 是否能够估计出完成各项工作的质量水平？ G. 是否能够注意到那些比较容易出现问题的工作并特别加以留意？ H. 是否能够在发现自己的能力、经验或时间上有所欠缺时，去请求上级支援？

2. 适当的"无为而治"是员工实现自我管理的前提

只有懂得"无为而治"的团队管理者，才有善于自我管理的员工。李开复在自传中有过这样一段描述：曾经有一个员工告诉我，他不认为所有的人都适合谷歌的工作方式。适合它的人会非常开心，不适合它的人会无所适从，因为没有人告诉你应该怎么做。①

这一语道破了谷歌文化的核心所在，即员工必须学会自我管理、自我领导，实现这一点的前提是组织层面、团队层面要适当地推行"无为而治"，真正让员工登上前台，让领导"无为"，让员工"有为"。

3. 强化培训、培养

自我管理是培养出来的、锻炼出来的，要强化对员工的培训与培养，让团队成员的自我管理成为一种习惯。

---

① 李开复:《世界因你不同：李开复自传》，中信出版社 2019 年版。

首先，要增强员工的自信心。一个好的管理方法就是让员工先从简单的事情做起，这样比较容易取得成绩，就算细微的成绩也能给员工带来满足感和自信心。这样，伴随着不断增强的自信心和成就感，员工挑战更高难度工作的意愿也会越来越强烈，管理者就可以酌情增加任务的难度，适当给员工压担子，不断提升其工作能力和自信心。

其次，要注意培养员工的团队责任意识。目前有一种轮流管理的方式，这一方式对于培养员工的团队责任意识很有效果。轮流管理的目的是让每一名团队成员都体会一下做管理者的感觉，可以有效提升其格局和领导力。轮流体验的时间可以是一天，也可以是一周，时间上可以根据团队具体情况来定。这样做的最大优点在于，可以有效培养员工的团队责任意识，所谓"不在其位，不谋其政"，一旦员工身处团队管理者的岗位上，他们就能从团队层面去整体思考问题，同时也能设身处地体会到团队领导者的不易，有助于上下级之间换位思维的养成，从而提升其团队意识，也会激发其承担更大责任的欲望和信心。

最后，进行系统的技能培训。员工胜任力的提升需要培训的支持，尤其是能够直接帮助员工工作能力提升的技能培训更是必不可少，管理者在员工技能培训上要不吝投入，由此带来的直接、间接回报都将是可观的。

4. 坚持以结果为导向的简单管理

复杂的管理只会是员工实现自我管理的羁绊，以结果为导向的简单管理意味着要给员工充分的权限和施展空间，这是实现自我管理、简单管理的前提。

让员工自我管理的前提是结果导向，要拿结果说话，用绩效来评估其工作成果。团队赋能也好，去中心化也好，成员的自我管理也好，最终都要转化为工作绩效和成果，没有成果的组织变革和团队革新都是零。

四、自组织型赋能小团队

德国理论物理学家赫尔曼·哈肯从组织进化的形式角度，将组织分为自组织和他组织。所谓他组织，即依靠外部指令而形成的组织；所谓自组织，是指没有外部指令，系统按照特定的自发的原则而自动形成的一种组织结构，组织成员能够做到各司其职、默契配合。

显然，一个团队的自组织能力越强，其工作效能、创新能力和存续能力也就越强。这一观点同美国环境科学家德内拉·梅多斯的看法不谋而合，他在《系统之美》一书中提到，好的系统应该满足三个要点，其中之一即"它要有自组织能力"。

只要有人群协作的场合，就有可能产生自组织，尤其是一些鼓励创新的企业和新型的科技公司，如海尔的内部员工创客模式、华为的"铁三角小组"等，都称得上是自组织赋能小团队的探索。

作为国内一线互联网企业，百度一直在进行自组织管理模式的探索，积极鼓励小团队制。在百度的数万名员工中，有数千个具有自组织属性的小团队在运转，从传统组织的视角看，它们是不稳定的，甚至是无序的，会随着团队工作目标的调整而不断打散、组合。但对于创新驱动型的企业而言，这些小团队通过不断尝试、快速试错，往往能够发现核心业务的创新方向甚至战略机会，从这一意义上讲，这些有着自组织特质的小团队扮演的是企业尖刀队、侦察班的角色，是企业创新的原动力，是企业战略突破的攻坚力量，也是被充分赋能的基层团队。

当然，容忍团队内部的自组织，在传统型组织和团队看来是不可思议的，也不是一件容易的事，自组织会让整个团队系统显得不一致、不统一、不规范，会打乱原有的系统，也会在某种程度上进行分权。

要想在团队内部出现自组织，或让团队自带自组织属性，团队领导者不仅要具备大格局，同时必须向基层放权，给予一定的自由度，而且要允许试错，容忍试错，这才是自组织赋能团队的挑战所在。

因此，团队在引进自组织模式时，应充分考虑以下几个前提要素。

第一，确保价值观、愿景和目标统一，保证团队的总体方向。在团队自组织管理中，由于内部自组织行动发起和决策的自发性，务必使其在团队整体价值观、愿景和目标的框架约束之内，否则就是各自为政。尤其是在外部环境不确定性因素较多、知识型员工成为团队主体的情况下，更需要确保团队价值观、愿景和目标的统一，确保自组织的行为不偏离团队总体方向。

第二，自组织管理的规则意识。团队内部的自组织，多是为了工作、项目的顺利开展而自发形成，并没有明确的职位概念，每个团队成员都可以发起某项任务和行动，同时也可以自主决定加入其他的项目。在这些自组织的项目小组中，依靠的是规则来运行，而不是自上而下的管理权威，每个小组成员的身份地位也都是平等的，这一点至关重要。

第三，自组织的开放性。在整体框架的约束下，自组织要保持充分的开放性和对外界的适应能力。这样，在瞬息万变的组织、团队外部环境中，自组织才能充分同外界交互，作出快速反应、快速决策，进行非线性创新，实现组织和团队的快速迭代，成为团队中真正意义上的快速反应部队。

第四，充分授权，高度互信。在自组织里，拥有充满互信的团队氛围，团队领导善于授权，团队成员能够被授权。团队上下各司其职、互信互助，共同进行价值创造。

五、沟通通道的畅通

在团队管理中关于沟通有两个"70%"。

第一个70%，团队管理者日常工作时间有70%是花在了沟通上，如各种谈话、会议、谈判、拜访、约见等，都是沟通的表现形式。

第二个70%，是指组织、团队中70%的问题都是由于沟通不畅或沟通不到位引起的。正因如此，很多团队都非常重视沟通问题，纷纷构建起适合自身的沟通机制。

团队沟通中还有个值得注意的"漏斗"现象：一个人通常只能说出心中所想的80%，但对方听到的最多只能是60%，听懂的却只有40%，结果执行时，只有20%了。你心中的想法也许很完美，但下属执行起来却差之千里，这是由"沟通的漏斗"造成的，如果克服了这一"漏斗"现象，那么管理沟通的效率和质量将会提升很多。

相对于传统的大团队，去中心化的小团队应当构建更加顺畅的沟通通道和沟通机制，实现团队内部的无障碍沟通，将沟通成本降至最低。所以，作为团队的领导者，尤其是小团队的发起人，一定要克服团队沟通中的"漏斗"现象，消除沟通障碍，建立顺畅的沟通通道和沟通机制，实现团队的充分沟通，求同存异。

1. 构建基本的沟通机制

小团队领导者，应善于沟通。想要在团队内部建立一种良好的沟通机制，其实并不难，你只需从下列问题着手即可：

- 你的团队成员是否知道你的电子信箱（或手机号码）？
- 你是否定期处理电子信箱并进行归类（按紧急程度或者级别）？
- 团队内部是否每月（季度）、每周、每天都有沟通见面会？（公司制度或者重大事情处理）
- 核心团队成员和团队领导之间是否能做到无障碍交流（开诚布公、彼此信任）？
- 除了公司会议室以外，团队成员之间还有其他沟通场所（咖啡厅、茶馆、郊游途中或者某一方的家中）吗？
- 团队成员是否有主动沟通的习惯（组员会主动给你发邮件汇报工作进展或者主动请缨要任务）？

如果对上述问题的回答都是肯定的，那么恭喜你，你做得很棒。如果不是，那么这些要点正是你下一步努力改进的具体方向。

2. 进行无阻碍沟通，达成共识

在团队中，要打破上下级之间以及平级之间的沟通壁垒，建立真诚有效的沟通氛围和沟通机制，充分地沟通，求同存异，有助于团队协作力、行动力的提升，可以帮助团队建立一支以协作为中心的被充分赋能的员工队伍，可以增强团队的共识、凝聚力和竞争力。

那么，我们如何做，才能做到有效的无障碍沟通呢？

第一，沟通要注意感情，既能够了解自己的感受，又能够体会、察觉到对方的感受，注意信息的互动与回馈。若不能做到这一点，沟通就不能算作完整的沟通。同时也不能完全感情用事，要保持理性。

第二，不要强迫别人与你沟通，也不要太快地放弃与对方的沟通。要给别人留有说出他们想法的机会，而不是光听你一个人说。

第三，在沟通的结果上，要知道，认同你的理解并不是同意了你的建议，接纳你的意思也不是接受了你的提议。不同的意见不见得是不好的，不同的意见可能是因为双方考虑问题的角度不同。你认为正确的，别人不一定也认为正确。

第四，在沟通的态度上，不要采取敌对的态度。争吵、发怒并不一定是敌对，可能是因为无法沟通或观点产生严重分歧，达成和解还是有可能的。而如果采用嘲讽、批评、讥笑的态度，那么双方的沟通就困难了。

第五，沟通的关键在于倾听。团队沟通切忌一方喋喋不休地表达与灌输，尤其是上位者，更应当将表达的机会交给下属，自己则扮演好倾听者的角色，认真聆听员工的心声和诉求。倾听过程中要尽量少打断对方，可以给出一些鼓励的动作和眼神，示意对方讲下去，同时还可以适当提问，以深入探查讲话者的思想，并给出自己的反馈，要保持客观的态度。最后阶段，可根据沟通的内容和结果予以总结，适当发表个人看法，来结束沟通。

六、员工不再是任务工具，而是事业合作伙伴

在新型企业组织和工作团队中，员工不再是工具，其身份更多的是事业伙伴、盟友和合伙人。

成为事业上的伙伴、盟友后，团队和员工之间的关系出现了很多微妙的变化。比如，在办公室里的措辞变了，迪士尼称自己的员工为"演员"，腾讯将自己的员工叫作"内部客户"，星巴克认为"没有员工，只有合伙人"。

有了被认可的身份，就有了尊严，有了归宿。团队和员工之间做出职业承诺，互相成为伙伴、盟友，这是员工潜能和战斗力得以爆发的基础，也是团队成功的基石。

团队事业伙伴制的关键在于，以合伙人（伙伴）运营管理系统为核心，将所有团队骨干和核心成员都视为团队、组织事业的合伙人，从而同组织、团队形成生死与共、利益共享的事业共同体。

有了合作伙伴，才能有同盟军，有共同前行的伙伴，一起"出生入死"，一起"爬雪山、过草地"。当然，作为回报，也要让合作伙伴享受到对等的收益。

团队事业合作伙伴管理模式必须做到与利益分配、福利待遇相挂钩，打造科学合理的价值创造和利益分配体系，将事业伙伴的短期利益（工资、奖金）和长期利益（升职加薪、股票期权激励、分红等）结合起来，让团队成员充分享受到组织发展的利润与成果，获得同其贡献相对等的回报。

从普遍意义上来讲，建立团队事业合作伙伴制度，不仅仅能够让团队成员告别打工心态，还能带来一连串的后续积极效应。

（1）可提升团队执行力。建立团队事业伙伴制度后，每名团队成员（伙伴）都会真正发挥主人翁意识，彻底摒弃打工者心态，能够自动自发地去行动，而不再需要上级的驱使与督促，能大大提高团队执行力。

（2）可明显提升员工忠诚度。员工既然成了团队的事业伙伴，也就是团队的主人之一，既然是事业的主人，他们当然会忠诚于自己的事业。

（3）大幅度提升企业利润。价值分配体系的革新，能够充分释放团队事业伙伴的积极性和潜力，他们不仅仅是在为团队、组织利益而战，也是在为自己的切身利益而战，从而能激发团队成员不断创造新的佳绩，创造更高的利润。

七、赋予团队成员更大的行动权限

去中心化团队管理模式的一个重要衡量标准是——团队成员是否被赋予了

充足的自主行动权限，是否能够充分参与到管理、决策和其他团队行动中去。

笔者发现，不少国内企业也主张提高员工参与度，但在管理实践中，强调员工参与大多情况下都成了一种形式，尤其是在一些中基层团队管理者身上表现得更为明显。甚至，即使是员工主动提出了一些合理化的建议，也得不到上司的关注与认真对待，更谈不上得以真正地贯彻与执行了。

赋予团队成员更大的自主行动权，全面提高其在团队工作中的参与度，不应只是一句口号，而应付诸行动。

1. 让团队成员参与管理

所谓参与管理，简单来说，就是让团队成员参与团队的决策和其他各项管理工作，重点是要营造一种上下平等的氛围，让员工和领导者友好地探讨团队中的重大问题，这样员工们就可以感受到来自团队的信任，进而体验到自己的利益与组织发展密切相关而产生的强烈责任感；同时，参与管理为团队成员赢得了一个证明自我的机会，会使其能力变得更强，进而实现团队赋能的目标。

参与式管理在国内也已经成为一种较为成熟的管理模式。参与式管理主张让员工充分参与到组织、团队决策中，充分发挥其聪明才智，为团队、组织赋能，在自我价值得到实现的同时，提高组织、团队效率。

1983年，通用电气公司进行管理创新，推出"一日厂长"制，目的是让普通员工参与企业管理。被指定出任"一日厂长"的员工都要提前拟订一份管理计划，即员工个人的施政方案。每个周三，会由基层普通员工来轮流担任厂长，任期是一天。

在这一天中，"一日厂长"拥有同正式厂长完全相同的权限，上班后他们要听取各部门汇报，了解工厂的全面信息和存在的问题，会后"一日厂长"还会到各个部门和车间进行巡视，详细考察并记录工作中存在的各种问题与情况，并提出自己的指导意见。各部门、车间要根据"一日厂长"的意见改善工作，改进的效果需要在管理人员会议上提交并获得通过，因此，"一日厂长"的指令绝不仅仅是走形式，下级部门和车间都必须认真对待，否则无法在会上通过。

当然，对于各部门、车间、员工提出的问题，通常"一日厂长"先进行处理，然后再将自己的处理决定和意见向正式厂长进行汇报，同时，"一日厂长"还可向正式厂长提出自己的合理化建议。[①]

"一日厂长"制提升了员工的参与热情，让员工体验到了管理工作的日常，提升了员工的能力，变相提升了公司的管理效率和生产效率。

2. 组建"质量圈"

质量圈，通常是指由 8 名到 10 名员工和其直接管理者所组成的一个临时工作群体，一个去中心化的小团队，他们共同承担责任。质量圈的成员要定期会面，共同探讨工作中出现的质量问题，分析其成因，并提出合理化建议和解决方案。对于这些质量圈成员提出的建议和方案，管理层一般具有实施与否的最终决定权。因为，员工由于能力和经验所限，有可能会提出一些失之偏颇的建议和解决方案，这就需要管理者进行甄别。

为了提高团队成员"参政议政"的能力，质量圈的管理模式还应包括对参与的员工进行相关培训，让他们了解群体沟通技巧、各种质量策略、测量和分析问题的技术等。

美国最早采用质量圈管理模式是在 20 世纪 50 年代，这一模式传到日本，被日本企业发扬光大，为日本制造业立下了汗马功劳，甚至使得日本企业在和美国企业的竞争中获胜。自 20 世纪 80 年代以来，欧美和亚洲的企业开始大力实施质量圈模式。质量圈在倡导员工参与团队管理、激发员工工作积极性、赋能团队成员上，发挥着极大的促进作用。

3. 赋予小团队自主行动权限

去中心化的小团队，麻雀虽小但五脏俱全，需要被赋予足够的自主行动权

---

① 谭小芳:《带队伍：新经理进阶的七堂必修课》，电子工业出版社 2013 年版，第 195—196 页。

限，才能在实际工作中有所作为，施展能力。这里以华为为例，华为各业务领域都在积极推进对一线的授权，赋能一线小团队，使其拥有更多的自主行动权限，其实际操作要点主要有以下几方面。

第一，权力下放的工作方式。在各业务领域沿着流程，通过梳理权力，自上而下加大对一线授权的同时，从集成视角，围绕一线"项目经营细胞"，对准客户和业务结果，自上而下识别并驱动权力下放。

第二，权力获取方式。授权是由上级主管逐级向下级授权，进而直接授权一线作战岗位。

第三，权力落地方式。华为当下的流程还不能满足一线丰富的作战场景需要，还需进一步场景化，权力的落地要通过流程优化来实现。

第七章　对团队充分授权，解放生产力

团队赋能不只是授权，但赋能团队一定是充分授权的团队。一方面，团队领导者要通过各种授权措施，给团队成员压担子，充分激发其潜能，以解放生产力。另一方面，团队领导者也要做好授权时的角色转变，做到"放权但不放手"，做好授权的后续追踪，把控关键流程，化身为团队的"园丁式"领导。

一、氛围赋能，使之愿干

氛围是一个团队在长期的存续过程中沉淀下来的一套或明或暗的行为规则，它会左右团队成员的价值判断和心理感受，会在潜移默化中决定团队的发展方向。

如果团队氛围同成员相互吸引，那就是积极向上、气场相合的团队氛围，会让团队成员充满激情去工作。反之，如果团队同成员互相排斥、互相消耗，那就是负面的、消极的、负能量的团队氛围，大家工作起来就会非常费劲。

团队氛围，不是靠一两句口号、标语或者几次会议所能形成的，它需要团队领导者和全体团队成员进行全方位、长时间的精心经营。

通常，团队领导者可从以下几个角度入手，对团队成员进行氛围赋能，使之愿干。

1. 开放式管理

开放式团队管理者，要重视自我披露在团队管理中的作用，以营造开放互信的团队氛围，同时要鼓励团队成员积极参与团队事务，并及时给予反馈。

我们所倡导的开放式办公更多的是一种管理思维，即管理者要加强与下属的交流沟通，要经常关心下属，了解他们心中所想，真正融入他们；鼓励下属之间互相交流合作，充分发挥各自的才能；创造一种和谐的工作环境，让下属敢于说出心中的真实想法，而不必有什么后顾之忧。

这种管理理念，对于加强领导和下属之间、下属和下属之间的理解和信任，促进组织团结，具有十分重要的意义。

2. 充分释放个性

一个充分赋能的团队，必定是一个个性张扬的团队。从电视剧《亮剑》我们可以知道李云龙所带领的队伍无疑是一个具有激情、具有战斗力的团队，而这样的团队是由激情张扬的个体所组成的，它是一个"嗷嗷叫"的个性张扬的团队。

充分赋能的团队，能为团队成员提供一种充分释放个性和潜力的积极氛围，让团队成员能够毫无保留地释放激情与能力。

3. 士气第一

士气，事关团队战斗力。很难想象那些士气低迷的团队能取得一流的绩效。赋能团队的士气打造，除需要团队管理者做好激发与引导外，每一名团队成员也都要善于自我激励与互相激励、自我激发与互相激发，充分发挥团队成员个体的动力中心作用，来保持整个团队的昂扬斗志。

二、责任赋能：使之具备契约精神

"责任心"是敬业的代名词，是现代契约精神的表现，是做好一切工作的基础，没有责任心，一切工作将无从谈起，赋能型员工的进取心不能脱离责任感和契约精神。

契约精神产生于商品交易高度发达的社会，市场经济时代，契约精神的重要性日渐凸显。对于契约精神在管理上的表现，管理学家陈春花的观点是："表现在管理上就是规范管理、制度管理和条例管理，特别注重建立规章制度和条例，严格按规则办事，追求制度效益，从而实现管理的有序化和有效化。"[①]

契约，包括有形契约（如合同、制度）和无形契约（如承诺），企业作为市场经济主体，要具备契约精神，团队要赋予每一名成员责任意识和履行契约的精神。

1. 责任管理法

责任不仅是一种义务，也是推动个人成就非凡事业的最佳动力。小到个人、家庭，大到企业团队、国家，它们的生存和发展都离不开责任的推动。责任可以推动一个人由平庸走向卓越，承担责任更是团队管理者的一个重要职责。

在我国，经常称一些领导者为"负责人"，这可以说是寓意深刻，所谓"负责人"，就是要切实负起责来，否则出现了问题你就推脱责任，那么你这"负责人"显然也是不胜任的。

敢于承担责任，是管理者的一种担当。当自己的团队出现问题时，不要去推卸责任、指责和埋怨，而是主动承担起责任，多从自己身上去寻找原因，这样才能让员工信服，才能感化员工，并向他们传达积极的力量。

一流团队的管理者一定是负责任的管理者，并致力于在团队内从上到下落实责任，让全体团队成员充满责任意识。

团队领导者往往集各种责任于一身，如何担负这些责任，需要找到一套科学的方法来提高自身的执行力。当前较为常用、有效的责任管理方法是5W3H分析法。5W3H分析法又称"八何分析法"。5W3H是描述问题的手段，其具体指的是：What，Why，Who，Where，When；How，How much，How do you feel。展开来说，就是在执行一项任务前，领导者应该提出并解答下面8个问题。

[①] 正和岛：《中国商界契约精神的"罪与罚"》，载 https://www.sohu.com/a/111432123_475956，2016年8月22日发布。

第一，什么任务（What）？要明确相关任务的工作内容、工作量、工作目标和工作要求以及达成期限。

第二，为什么去做（Why）？也就是要明白该项任务的目的、意义。

第三，谁去做（Who）？确定由哪些人去完成该项任务，他们分别承担什么角色。

第四，从何处入手（Where）？该项任务的切入点在哪里，需要按什么流程执行下去，执行到什么程度才算结束。

第五，什么时间完成（When）？要制订出完成任务所需的日程与安排。

第六，怎样完成（How）？也就是要去制订完成该项任务的细化方案，找到切实可行的工作方法。

第七，需要动用多少资源（How much）？即确定完成该项任务需要哪些资源条件，需要多少，如何进行筹措。

第八，结果如何（How do you feel）？要提前对该项任务的结果进行合理预测，预测过程中要考虑执行人员的情况。需要说明的是，在制订执行方案前，要明确指导思想和执行准则；在任务执行中要做好追踪工作，了解相关信息，掌控工作进度，协调外部关系，掌握执行者心态，预防突发事件，并要防止自己被架空。

2. 责任赋能

契约精神是职业的灵魂，有契约精神才会有敬业精神和责任意识，团队成员在此基础之上的欲望和进取心才能维系在正常轨道。

对自己负责，对自己的工作业绩负责，对领导负责，对公司负责，对客户负责，是职业人士的基本操守。

在日本"秋山木工"创办人秋山利辉的著作《匠人精神》一书中，他详细阐述了匠人须知30条，其中有这样几条内容：

进入作业场所前，必须成为有责任心的人；

进入作业场所前，必须成为能为他人着想的人；

进入作业场所前，必须成为乐于助人的人；

进入作业场所前，必须成为"爱管闲事"的人；

进入作业场所前，必须成为花钱谨慎的人；

进入作业场所前，必须成为"会打算盘"的人。

这都是围绕责任而作的约定，要求员工对自己负责、对同事负责、对公司负责、对客户负责。对工作负责的态度有助于工作品质的提升，能够助力个人发展，实现个人愿望。

企业中每一位员工都在不同的岗位上扮演着不同的角色，对应承担着各自的责任。做好自己的角色，承担这个角色必需的责任，才能体现自己的价值，才能提升工作的品质，这样的进取心才有价值。

要检验你的团队成员对工作是否真正负责，只需问以下几个问题：

是否愿意领受加班任务？

是否能保质保量完成上级交办的任务？

领导不在场的情况下是否仍然能够全身心投入工作？

对上述问题的回答，将能够看出你的员工是不是以负责的状态对待工作。

三、目标赋能：激励团队去挑战

赋能型员工的行为都有强烈的动机，且有明确的目标指向。而合理的目标能够有效诱发、指引、激励员工的行为，充分调动其积极性。

领导者的重要作用之一，是使团队全体同人全神贯注于既定的目标。因此，为下属界定其任务与目标可以说是领导者的一项重要工作，也只有具备了明确的目标，下属才能找到努力的方向和释放潜能的出口。

目标赋能的作用在于，团队成员可以随时将自己当下的行动和工作目标进行对照，清楚地看到其中的差距，从而获得下一步行动的动机。

从一定意义上讲，目标就是压力，压力就是动力，动力就是效力。

什么样的目标，才是好的目标呢？才能更好地调动团队成员的积极性呢？

1. 作业性

德鲁克在《管理：任务、责任、实践》一书中指出："目标必须是作业性的，即必须能够转化为具体的工作安排。"

注意，德鲁克的描述中有两个关键特征——作业性和可转化。所谓作业性，即目标要是具体的、可量化的、可操作的；所谓可转化，即目标可转化为具体的执行标准和操作流程。

要想制定明确的目标，首先应该知道，怎样的目标才是好的目标。通常，一个好的目标应该符合以下原则。

S：明确具体的（specific）。目标应该具体到时间、责任人、权限和能够调动的资源，只有足够明确具体的任务，才能够被妥善执行。

M：可衡量的（measurable）。目标需要能够被度量、被衡量、被考核，否则将无法检查员工的完成度，员工也会因缺乏积极性而消极怠工。

A：可接受的（acceptable）。团队成员能够发自内心地认同、接受目标，有助于目标的达成。

R：切实可行的（realistic）。目标具有可操作性，在团队现有人力、物力支撑下能够被执行，是切实可行的。

T：有时间限制的（timetable）。所有目标必须有一个任务周期，在规定时间内达成。

2. 挑战性

心理学家的研究表明，目的性行为的效率要明显高于非目的性行为。因为当团队拥有了明确的充满挑战性的目标后，就有了奋斗的方向，就会为达到目标而努力。运用目标激励法来赋能团队成员，关键是要设定好目标。

充满挑战性的目标要符合一条基本原则：不高（跳一跳，够得着）不低（坐着能摸到，目标不能要）。符合这一原则的目标设置，要注意以下几点。

第一，目标要高低适宜

目标太高，会挫伤员工的积极性，会让他们感到再努力也无法达成；目标太低，太容易达成的话，又会让员工感觉没有难度，没有挑战性，而提不起兴趣。所以，只有高低适宜、难度适宜的目标，才是最合适的，这样才能最大限度地调动员工的积极性。

唐太宗的《帝范》中曾写道："取法于上，仅得为中，取法于中，故为其下。"意思就是：制定高目标，或许能达到中等水平，如果制定的是中等目标，最后得到的很可能是低等的结果。其寓意在于要求人们无论做什么事，都要志存高远，只有制定稍微高出自己追求的目标，最终才有可能达到预定目标。

因此，还需要为目标加上一个前提，那就是不论"取法于上"还是"取法于中"，目标都不应超出执行者的能力太多，否则将会过犹不及。

目标如果定得太高，超出团队成员的实际能力，则无法完成，同时也会打击信心。反之目标如果定得太低，则失去了其挑战意义。应当根据团队的实际状况来切实制定目标，掌握好尺度。

第二，目标要少而精

目标太多，会使人迷失方向，也会让员工分不清轻重缓急。当你信心百倍，热情高涨，想尽快多做些事时，切记要避免多头出击。

最好选择一两个最为关键的目标埋头苦干，集中精力抓好两三件事。做领导的不能"眉毛胡子一把抓"，想事事同时都做，不仅自己做不到，员工也做不到。

第三，目标的设置要总分结合

总目标，是为了让员工感觉到工作的长远意义，正因如此，总目标的实现通常是一个长期的、复杂的过程，所以，仅设置总目标是不够的。它尽管能让人热血沸腾，但同时也会让员工感到遥远和渺茫，可望而不可即，甚至会影响员工工作积极性的充分发挥。因此，在设置总目标的同时，也应该适当设置一些更容易实现的阶段性目标，并通过逐个实现这些阶段性目标来实现总目标。

第四，目标要分阶段展开

再宏伟的目标也要分成若干个细小的目标去实现，这样也更适合基层员工，让他们看到目标的可实现性。

3. 统一性

目标相同，是团队；各自为政，是团伙。个人目标要融入团队、组织目标中；有了共同目标，才能避免各自为政，发挥出团队合力，挑战更大的目标。

统一的团队目标是团队战斗力的保障，相对而言，确定团队目标还是比较容易的，但要将团队目标和员工的个人期望统一起来，将团队目标灌输于团队成员并取得共识，相对有一定难度，可按照以下步骤进行。

第一步，对团队成员的期望进行摸底。对团队成员的期望进行摸底的目的是要了解团队成员的期待、工作目标，希望团队为他们提供什么支持和资源。摸底时要尽可能一对一进行，可以让员工畅所欲言，能够表达出真正的心声。

第二步，对获取的信息进行深入加工。将从团队成员处收集到的各种期望、目标、建议、意见等进行深入分析、归纳、分类，最终将之精简、融合到团队总体目标中。

第三步，与团队成员讨论目标的最终表述。将精简、融合后的目标拿出来，同团队成员进行公开探讨，进一步征求他们的意见和合理化建议，确定团队目标的最终表述。这样，经过大家充分发表意见的团队目标，才能具备坚实的群众基础，能大大降低推行的阻力。

第四步，确定团队目标。经过团队讨论后的最终目标表述，要作为团队正式目标，形成文件与制度，向全体成员宣布，并开始执行。

四、标杆赋能：向标杆看齐

在团队赋能中，一个行之有效的办法就是，不断为团队成员树立新的学习目标、超越目标，这种目标可以是组织内部的，可以是自定的一种理想境界，也可以是外部其他高绩效组织的。比如：

谁在行业中的市场份额最大？

谁的客户满意度最高？

谁的工作流程最合理？

谁的员工最具竞争潜力？

谁的管理模式最好？

……

瞄准了这些最好的东西，然后想方设法在自己的团队内去模仿进而超越。这样团队总体成就欲望才能日渐提升，没有上限。

这种管理方式，就是标杆式管理。

所谓的标杆式管理，真正的目的就是为自己去找一个学习榜样，来保持团队成员的进取心或者叫企图心；哪怕本身已经是很优秀的企业和管理者，也都可以找到学习的标杆。在团队实施标杆赋能的过程中，应注意以下几点。

1. 可供选择的标杆

可供选择的标杆是多种多样的。通常，管理者可选择以下几种标杆。

第一，内部标杆。即以组织、团队内部的典范为榜样，找出内部的优秀成员，作为学习标杆，为其他成员赋能。它是最容易找到的标杆，也是最容易操作、成本最低的标杆学习、赋能法。

第二，竞争标杆。即以竞争对手为学习榜样，让竞争对手来为团队成员赋能。竞争对手可以是组织内部竞争对手，也可以是外部竞争对手。竞争对手通常在产品、服务、流程和理念上有领先和独到之处，要通过对竞争对手的分析对比找出差距和不足，查缺补漏，迎头赶上，以提升竞争力。

第三，跨界标杆。即行业之外的学习标杆，只要有值得团队学习、借鉴之处，就可以积极拿来学习，为团队赋能。

2. 标杆式赋能的实施步骤

标杆赋能的先驱和最著名的倡导者——美国施乐公司的罗伯特·开普，将标杆学习活动划分为五个阶段。

第一个阶段：计划。即确定团队标杆赋能的领域和侧重点，具体可在以下领域中来决定现在本团队该从哪一个切入点来开展标杆赋能工作：

（1）了解市场和消费者；

（2）设计产品和服务；

（3）推销产品和服务；

（4）提供产品和服务；

（5）向客户提供服务；

（6）确立部门远景目标；

（7）开发和管理人力资源；

（8）管理各种信息；

（9）管理财务资源；

（10）管理物质资源。

然后，要鼓励员工坦言现有操作流程中存在的问题与可以改进的地方，将该流程分解成若干的子流程，以确保大家了解整体流程和每一细节。

第二个阶段：发现与分析。了解作为标杆的公司或团队，确定自己目前的管理措施与标杆之间的绩效差异，拟定未来的绩效水准。

要尽可能地了解被当作标杆学习的对象，尽可能地了解其各种业务流程，这样才能充分学习到标杆真正制胜的东西。与此同时，在寻找标杆对象时，还应做到合法、保持机密、防止信息外流、未经许可不得擅自引用、做好准备、诚信。

第三个阶段：整合。通过对学习标杆过程中发现的问题进行交流，达成共识，最后整合到团队目标中，并确定团队目标。

第四个阶段：行动。根据团队目标来制订切实可行的行动计划，用来指导团队接下来的实践活动。通常，行动计划应包含人事、预算、培训、资源状况、评估方法等基本要素。

第五阶段：监测与评估。对学习标杆所产生的长远结果进行定性和定量评估，找出实施过程中的问题和偏差，并不断调整，以作矫正和改善。

五、给予流程自由，把握关键结果

谈到流程自由这个话题，笔者不由得回忆起了刚毕业参加工作时的情景。

那时，作为公司的基层员工，平时最害怕的并不是时间紧、任务重，也不是工作压力大，而是担心自己工作时上司一直在旁边看着。特别是在做一些文案性的工作时，如果领导在旁边紧盯着，就会不知所措，不知该从哪里下手，甚至会产生思路闭塞的现象。而如果领导不在跟前，则没有这种压力，能够在彻底放松的状态下，"随心所欲"地畅想，毫无阻碍地完成任务。

绝大多数领导者都是从普通员工的位置上一步步晋升而来的，对于上述描述应当不会陌生。

其中道理不难理解，当下属与领导相处时，总会感到紧张不安，他们不知如何做才好。而当领导离开时，他们反倒能全身心地投入工作，并能够在自娱自乐中达成上级想要的结果。

作为领导者，也许你已经发现了当你不在场时，员工能够更好地做出如何安排工作流程的决定，员工的表现是多么令人满意。

说到底，这种现象的背后体现的是一种过程与结果的问题。对那些时刻监督员工工作的领导者来说，他们想要的不仅是结果，也包括过程。但是，这种管理方式并不如人所想象的那样有效，甚至会让员工心生芥蒂，反而不利于上下级间的融洽共处。

如果换一个角度的话，对工作中的团队成员，试着给予他们流程选择上的自由，领导者只是把控关键结果，那么授权和赋能的效果会好得多。

在给予员工流程自由的同时，也要善于控制局面，做好对关键结果的把控。如果做到了这一点，尽管付出的辛劳不多，却能够收到事半功倍的效果。

1. 以结果为导向的管理方式

做管理的根本目的是做出业绩来，管理是一种追求和实现业绩的职业。

检验一个领导者是不是成功的唯一标准是有没有达到预期的目标和结果。对领导者来说,过程不重要,最重要的是结果。形象地说就是我们应该学会"管头不管脚",要把握住团队往什么方向去走,但用什么方式走,走什么样的路,这并不是作为领导者最需要关注的,而应给予员工自由发挥的权利。

我国古代有论功行赏之说,即主张按照功劳的大小决定奖赏的程度。大功大奖,小功小奖,无功自然是没奖。古人所推崇的"无功不受禄",说的也是这个道理。没有功劳,也就是没能带来好结果。今天的企业组织讲究以结果为导向的管理,其实也是在强调以结果为导向。

以结果为导向的管理方式的落地,需要配合目标管理和绩效管理来进行,即要确定团队工作目标,只有确立了工作目标,结果导向思维才有落脚点,才能朝着目标的既定方向去努力,去创造结果。另外,对于结果要有评估和考核,这一点要借助完善的绩效管理制度来进行,以此来评判工作结果是否有效,是否能真正带来价值。

因此,结果管理导向要想行之有效,离不开目标管理和绩效管理两大支点,缺一不可,缺少任何一个支点,结果导向式管理都难以取得预期的效果。

2. 让团队成员自由管理工作时间

在工作中,有的员工会在上班时间做自己的私事,这会给企业带来隐性损失。对这些现象,从正面去"堵"、去"防"是于事无补的,反而会引起员工的抵触心理。既然如此,那就不妨退一步,干脆赋予团队成员充分的自由时间,让他们去合理安排自己的工作进度和流程。

话说回来,任何事情都有利有弊,领导者要做好对局面和关键结果的掌控,在让员工自由管理时间这一问题上,还需要满足下列三个前提条件。

第一,采取结果导向制。即为员工设定明确的工作目标,包括年度目标、季度目标、周目标和每天的目标。目标设定后,给予员工充分的权限,让他们去自主安排自己的工作,管理者只关注其工作进度和结果,而不过分干预细节,包括员工每日的工作时间安排,领导者也不必紧盯不放。

第二，上下级之间必须保持密切联系、互相信任。不管上班时间如何自由，领导者都应该保证随时能够联系上员工，否则就是无原则的自由散漫了。同时，上下级之间必须保持高度的信任，否则，领导向下放权后，又随时担心员工不认真工作，那效果就会适得其反。

第三，要因人而异，对于那些素质高、自觉性高的员工，可以给予时间、流程上的自由，而对于那些懒散、需要时刻被督促的员工，则不适合这种管理方式。

3. 流程半自由

流程太固定，不利于员工主观能动性的发挥，而流程太自由，又不便于控制。相信很多领导者都渴望找到一条折中的路线，即有没有一种方式，既能够做到对下属的有效控制，同时对员工而言又相对自由呢？

半自由流程就是一种折中的方式，居于自由流程和固定流程之间，其中既有固定的部分，也有灵活可变通的部分，拥有权限的执行人可以随机应变，灵活调整。它常用于文件管理。通常收文一般都要先经过办公室等职能部门，进行登记、拟办、签批等流程，这些流程都是固定不变的，完成以上流程后，文件还需要送到相关部门去办理、去落实，该部分流程就是灵活的，相关责任人需要根据文件的内容来决定如何处理。

六、致力于成为园丁式领导

《赋能》一书的作者斯坦利·麦克里斯特尔说："现在你要想做一个管理者，你就需要做一个园丁式的领导，而不是一个英雄式的领导。"

单打独斗的个人英雄主义时代已经过去，在这个充满竞争的商业社会里，我们需要一个高效的团队，而团队高效与否，是否能够实现充分赋能，要看其有没有团队赖以生存的内核——团队精神。

一个人的精神状态非常重要，从一定程度上讲，精神状态可以决定人的生存状态。团队精神也非常重要，它是团队所有成员个人精神的融合与汇聚，它是企业兴旺与基业长青的起点。

一个好汉三个帮，红花也需绿叶扶。团队领导者无论有多么优秀，都不可能具备所有团队工作所必须具备的知识、技能与经验，而必须通过团队配合，借助众人的力量，才有可能达成团队目标。

团队领导者尤其需要具备团队精神，不要追求个人英雄主义，而应致力于团队精神的打造，致力于成为园丁式的领导，为赋能团队做好服务工作。

做一个服务型管理者，实现由团队管理者向服务者的转型，弱化管理职能，强化服务职能，这是新型赋能团队对团队领导者提出的新要求。

事实上，企业中的服务型领导并不是一个新提法，美国学者罗伯特·K.格林利夫早在1977年就于其《仆人式领导》中提出了"服务型领导"的概念。

在格林利夫看来，领导是从服务团队的过程中产生的，团队领导者首先应当是一名服务者，为谁服务？当然是为团队全体成员服务。服务型领导是团队的仆人，其一切工作的出发点都是为团队中的大多数人谋取利益，其目标是同团队成员共同成长，要服务大家，而不是控制大家。这样，团队成员才愿意跟随领导者一起打天下，领导者通过服务力、威信和热情打动追随者，从而巩固自己的领导地位。

管理，从字面意思来分析，就是"管"和"理"。其中，"管"更多的是指监督和控制，而"理"则是指导和服务。

在日常团队管理中，"理"的职能很大程度上表现在指导下属如何去做正确的事以及正确地做事，这是一种典型的服务职能。

在一个充分赋能的团队中，领导者是合格的，员工也是合格的。在这样的团队中，管理者和被管理者是融洽的，工作也是高效的。但事实往往与理想状态不同，管理者与被管理者之间常常会产生矛盾和冲突，产生这种问题的原因可能有很多，但主要的是两者在文化方面的差异，也有性格脾气方面的差异，更重要的就是管理者没能发挥好自己的服务职能，未能尽心尽力去为被管理者服务。

因此，管理并不是要天天颐指气使，下属看到你就毕恭毕敬，而是要有服务他人、成就他人的强烈愿望与信念，做一名园丁式领导，才是赋能团队管理的根本之道。

1. 要有服务他人、成就他人的强烈愿望与信念

管理不是控制是服务，领导者是服务者，正如作家肯·布兰佳在《管理者的秘诀》一书中所写，领导者的秘诀是"服务于他人"。赋能团队的领导者，也都具备服务团队成员、成就他们的强烈愿望与驱动力。因为他们深知，只有整个团队的成功才是领导者的成功，因此领导者要服务团队、成就他人，让团队成员和团队先成功，领导者的价值自然就能够得到体现。

2. 善于激励

这个世界上有三种人，第一种人能够自我激励，他们是天生的领导者，自我激励、自我恢复能力极强，哪怕遇到重大挫折、重大打击，他们也会很快重新站起来。第二种人需要被别人激励，他们的脆弱，只有被别人激励，才能得到抚慰。他们的激情，只有通过别人的激励，才能被激发。第三种人是不能被激励的，面对激励，他们就像是绝缘体。

优秀的管理者通常是第一种人，他们善于自我激励，使自己时刻保持昂扬的斗志。同时，他们往往还擅长激励员工，擅长将他们从低谷中带领出来，并让他们激情四射地去工作。而对于团队中的第三种人，则应该淘汰出局，他们是团队中的消极分子，会给团队带来负面影响。

3. 学会"授人以渔"

团队管理者要实行走动式管理，时常亲临一线，亲临工作现场，以身作则，必要时要给团队成员进行角色示范，言传身教，不仅要教会他们具体的技能和工作方法，还应该"授人以渔"，让他们掌握处理工作的基本思路和底层逻辑，要让员工明白努力的方向和他们能够借助的资源。

4. 营造学习气氛

建立学习型团队，是所有企业组织的最终目标。要创建学习型团队的一个必备前提是，团队中要拥有学习的氛围。

在学习氛围的营造过程中，首先，领导者要通过自己不断学习的精神感染下属，成为企业学习的标兵。其次，领导者要将学习的理念和价值观与员工进行沟通和交流，不断向他们推荐好书、好课，鼓励学员不断学习。最后，领导者要积极参与团队组织的学习活动（如"读书会""分享会"等），带动团队的其他成员也积极参与这些学习活动。

第八章 从低维团队到高维团队的进化

高维（赋能）团队成员不仅有执行权，还有"先斩后奏"的决策权，低维（传统）团队只是组织中的一个执行小组，无法及时向后方反馈来自一线的重要信息，也无法在前线随机应变。高维（赋能）团队区别于低维（传统）团队的一个重要的标志是，一线员工能够直接向总部反馈信息，且能调动后方资源，配合一线行动。

一、低维（传统）团队与高维（赋能）团队

低维（传统）团队有如下特征。

第一，团队成员有执行权，无决策权。团队领导作好决策，团队成员负责无条件执行，无自主决策权。

第二，团队领导是唯一的权威中心。团队上下要服从权威，按照领导的指令去推进工作。

第三，严格遵从流程、标准。团队工作要在既有流程、制度的规范下进行，不需要做过多的尝试、改良和创新。

第四，时间由上级安排。团队成员的工作时间基本由上级安排，无自主行动的权限。

低维（传统）团队因无法及时反馈一线信息，也没有自主行动权，容易贻误战机。

高维（赋能）团队区别于低维（传统）团队的一个很重要的标志就是，让一线的团队成员反馈高价值信息，从而调动总部的资源，配合一线赋能小组高

效作战，以捕捉稍纵即逝的战机，在一线市场大展身手。高维（赋能）团队能不能呼唤炮火，由下面几个因素来决定。

1. 组织（团队）领导能深潜到一线

基层对于一个团队来说是至关重要的。干部要从基层中来，更要到基层中去。管理者要学会深入基层，一个团队才能保持健康，才能不断地发现问题、解决问题。

领导下基层，除提升领导本人的能力，让领导更了解公司的情况外，还可以对基层的管理者有什么问题有一个全面的认识。一个充分赋能的高维团队，高层必须经常到基层去，与基层接触，亲身体验基层的工作流程，倾听基层员工的意见与反馈，以便得到来自基层的一手信息。想要打造一个高维团队，高层与基层必须密不可分，绝不能因为还有中层管理人员，就放弃高层与基层联系的通路。

2. 一线作战团队要具备战略力和经营力

想要打造高维团队，想要为小团队赋能，战略力和经营力是关键。这两者不仅决定了小团队能否站稳脚跟，能否存活下来，更是决定了小团队能够给总部带来些什么。要打造小团队，不能仅仅想着让小团队存活下来，为总部赢得更多的利润，更重要的是信息和其他方面的反馈。

为小团队赋能，打造战略能力，能够为总部带来很多一线的信息。总部制订的市场方案，制订的发展策略，必须贴近客户，要切实有效。如果这些市场方案、发展策略都是建立在虚无缥缈的数据上的，那么这些东西只是纸上谈兵。

如果一个小团队是拥有足够战略力的，那么小团队就能总结出其遇到的客户是什么样的，产品定位是否准确，什么时候、什么环境客户更乐于购买产品。这些信息一旦反馈给总部，那么总部就能够根据实际情况对战略进行调整。当众多小团队都给出了反馈后，总部就有大量的样本可以进行深度研究，让每个小团队都有一套合理的策略，保证这些小团队能够齐头并进。

这就是小团队拥有战略力的必要性：一个团队可以拉动其他的团队，而其他的团队也能给予有效的反馈。这些内容结合起来，众多小团队就能获得同步的提高。

经营力，代表着小团队是如何运营的，是如何盘活一线的。通过分析资金去向哪里，成本有多少，毛利润有多少，最后的盈利又有多少，并结合运用模式，我们就能建立一个模型，找到如何去经营小团队才是最好的。

这部分信息同样重要，因为获得利润才是团队的根本目的。一个小团队能够获得多少利润，获得利润的途径又是怎样的，这值得总部认真去分析。当总部得出结论以后，就能找到最合适的经营模式，进而推广开来。而每个小团队的经营能够为团队创造多少效益，也决定了它们能够从总部得到什么。经营得越好，贡献得越多，得到的回报也就越多。

高维团队应该是扁平化的，应该是网状的，因为这样运营团队效率才是最高的。而这样的高维团队，就决定了每个小团队都拥有一定的自主权。掌控了自主权的小团队，如果缺少战略力和经营力，就会寸步难行。总部是最大的中枢，而每个小团队也都是一个小中枢。这些小团队如果没有战略力和经营力，就只能成为总部的附属品。

3. 团队成员要具备战略能力和大局观

为什么员工需要有战略能力，需要有大局观呢？因为团队需要后备人才梯队，以避免人手不足的问题出现。当每个员工都有战略能力，都有大局观的时候，小团队就会变得非常强大。

战略能力和大局观能为团队带来怎样的好处呢？

战略能力能够让一线人员自己确定工作模式，甚至是临时改变工作模式。只有这样，才能让小团队符合高机动性的特点。本来小团队的人数就相对较少，在面临众多问题的时候，每个人都有自己要处理的事情，如果不是每个人都具备战略能力的话，那么在配合上就会出现问题，难以让整个大战略顺利推进。

大局观对于团队来说就更加重要。总部会下放权力给小团队，但这不代表小团队就已经是独立的个体了。小团队仍然是团队的一部分，仍然与团队、其他小团队息息相关。如果员工缺少大局观，那么很容易出现短视、急功近利的情况。一旦出现这种情况，就很容易造成内耗。小团队为了各自的利益，不顾大局观，彼此展开激烈的竞争。这就是典型的短视状况，这种状况一旦出现，整个团队的竞争力都会受到影响。

当每个员工都有了战略能力和大局观时，才能说这支团队里的每个人都能独当一面。只有每个员工都有了战略能力和大局观，小团队才能成为精英团队，整个团队才能成为高维团队。只有每个员工都有了战略能力和大局观，才能保证整个团队的未来和发展。

高维团队离不开集群作战，离不开众多小团队的通力合作。如果小团队没有大局观，没有战略能力，那就不能自主行事，凡事都需要大团队远程遥控，那小团队就没有存在的必要性了。

4. 鼓励团队成员去折腾、去试错、提出不成熟的想法

低维团队升级为高维模式，很重要的就是提升创造力，从服从模式变成创造模式。

因此，要鼓励团队成员去大胆折腾，大胆试错，敢于提出一些不成熟的想法。

某公司新生产的飞机在首次载员试飞时有一批特殊的乘客，他们是公司从世界各地分支机构自愿报名员工中抽取的，这些员工在获得了体验自己工作成果机会的同时，被告知了这样一条特殊的要求——在确保安全的前提下，要尽自己所能去折腾，最大限度地去使用机舱内的各种设施。

这样的折腾才能对飞机进行极限测试，将其性能潜力充分释放出来，才能充分发现飞机的各种问题以及所能达到的极限。

高维团队要允许员工去折腾、去创造。当然，折腾不是胡乱作为，更不是故意捣乱，而是敢于尝试、勇于创新，敢于提出不成熟的想法，通过不断地试错来寻求最佳效果。

5. 合理的时间安排

团队领导尽量少插手下属的工作，尤其是不对下属的工作时间做过多的安排。比如，在一些赋能工作小组中，其成员工作时间的构成大概是：40%

由领导安排，30% 由其他平级合作伙伴安排，剩下的 30% 则完全由个人自主安排。个人自主安排中 60% 的日常工作内容可由自己来作决定，而无须向领导汇报。

当团队成员拥有越来越多自主时间时，就可能会创造出一些团队、组织内部的"黑马"，甚至推出一些颠覆性创新。

二、高维团队的共识、共鸣、共振

改变团队系统有三种策略：下策是直接下命令，强压式改变，令出必行、令到禁止；中策是间接刺激，通过施加压力、激发动力的方式进行；上策是寻求并达成团队共识，在共识的基础上，将所有力量团结起来去完成团队任务。

寻求团队共识也有三种策略。

1. 换位思考

团队中的很多矛盾，其实都是由于矛盾双方不善换位思考引起的。换位思考的根本在于，要站在对方的立场、角度去看待问题，进行"人"与"我"的互换互想，这样许多矛盾便能迎刃而解。

进行换位思考，有三个关键之处。

第一，前提是换位。换位思考的前提是换位，做换位思考，要站在对方的位置上，并且要做到彻底换位，不可"身在曹营心在汉"，否则换位思考就难以收到预期的效果。

第二，目的是思考。换位不是目的，目的是从对方的角度去思考，这是一种完全颠覆自己思维和判断的思考方式，切记不要"有换位之名而无思考之实"，那最后只能是"竹篮打水一场空"。

第三，本质是理解。换位思考的本质，就是设身处地为他人着想，即想人所想，做到真正地理解对方，体会对方的真实需求，从而形成一致意见，达成共识。

对于团队成员而言，换位思考不仅有助于理解他人，还能带来新的思维方式和思维结果，甚至能突破自己的惯性思维和固定思维，实现工作上的破局。

对于团队管理者而言，换位思考也是进行团队沟通、冲突管理必不可少的思维利器。

2. 同理心

所谓同理心，就是站在对方立场思考的一种方式，它是情绪商数（EQ）理论的专有名词，是在不同场合和不同对象进行接触沟通时，能够充分感受别人的感受，体察别人的情绪，能够更好地做到互相理解、互相关心、互相融合。

简单来说，同理心就是将心比心，即将自己完全带入当事人所处的场景，去设身处地感受、体谅当事人的处境、心境。

立场不同、所处环境不同的人，是很难了解对方的真实感受的。很多事情没有对错，只是立场不同，如果能换一个角度，站到对方的立场，也许就能更好地体谅对方，包容对方，进而才能进行更有效的沟通，从而达成共识。

一个具备同理心的管理者，应该意识到如下几点。

第一，你怎么对待别人，别人就会以怎样的方式回应你。

第二，想让别人理解自己，要首先去理解别人。

第三，别人眼中的自己往往是最真实、最客观的自己，要善于从别人的角度看待自己、看待问题。

第四，可以尝试着改变自己，不要试图去改变别人。

第五，真诚坦荡的人才能获得别人的信任。

要想让同理心在沟通中发挥积极效应，在沟通中应做到以下几点。

第一，避免处处以自我为中心，尝试从不同的立场出发去考虑问题。

第二，沟通结果最重要，沟通过程中谁占优势和主导地位并不重要。

第三，沟通的过程中要避免打断对方，给予对方充分的尊重，使其把话说完。

第四，沟通中，要关注对方表达的整体观点和总体意思，不要纠缠于某些细节，更不要对某个微小的点进行反驳。

第五，对于沟通，不要急匆匆下结论，也不要急于评价对方提出的观点，要经过深入的思考，分析对方表达背后的真实诉求，最后再给出自己的总结和建议。

第六，沟通中要避免同对方发生激烈冲突，哪怕是双方意见完全相左。

第七，消除对人的固有偏见，因为它们很容易影响你的沟通立场。

第八，留意细节。对细节的关注，不仅能够捕捉到重要的潜在信息，而且这在对方看来本身就是对他们尊重的一种体现。

3. 觉察力

感受他人的感受进而形成共识，需要具有较强的觉察力，它表现在以下两个方面。

第一，对自己的情绪和情感模式进行深度觉察，具体包括外部觉察和内部觉察两个部分。所谓外部觉察，即外界对自己的职务、头衔、标签的审视。要完成这个过程，需要回答好下列问题：

（1）我是谁？

（2）我的工作职责是什么？

（3）我的职责要求我具备什么样的素质、能力和道德准则？

（4）我具备什么样的个性特征？

（5）人们希望我在这个位置上做些什么？

对上述问题进行回答并总结后，可以得出一种自我认知，即内部觉察，主要表现在：

（1）内在的自己是否同外在的自己相符合？

（2）外在的角色是否被内在的自己接纳？

（3）针对外在的自己，内在的自己接纳哪些，不接纳哪些？

（4）对于内部觉察中的错位，如何进行调整？

第二，觉察力的另一个层面是对其他人情绪、情感的敏感度。

对他人的情绪和情感进行深度觉察，是觉察力的另一个方向。想要真正知道他人的心理，必须持有开放的态度。开放态度背后的关键在于强烈的好奇心，即对他人行为背后的态度、信仰、经历保持好奇，并愿意以开放的姿态与他人一起进行深入的探讨，在各种可能性之间共同寻求一个多赢的最大化值。众所周知，团队中最大的成本往往就是沟通成本，误会的存在大多是因为彼此认知间的巨大鸿沟。

另外，觉察他人的情绪和情感，还要放下偏见，保持态度的客观、公正。通过寻求共识，把所有力量团结起来。

三、形成团队智能演化生态体系

未来的组织形态会是什么样的？可能将是由志同道合、自由组合、充分链接、合作共创的团队合伙人之间所形成的一种智能演化生态体系。

生态、环境、平台，这些词语开始被越来越多的人提起。因为只有建立了完善的生态圈，只有团队有健全的生态，才能够自己发展下去，才能够进行自我净化，自我演化。而我们最渴望的，是高维团队的演化生态。

当团队能够建立智能演化生态，一切工作都会变得简单许多，甚至会形成自然规律一样的固定流程：遇到什么情况，应该有怎样的对策；面对什么问题，应该用什么解决方案。一旦建立起了智能演化生态，管理人员就不会再操心团队出现的各种问题，因为一线人员会自己寻找解决问题的方法。只有一线人员不能解决，管理层才会出手解决。当找到了解决办法以后，这个办法就会形成固定的策略，以便其他一线人员在遇到这个问题的时候能够在第一时间解决。久而久之，这种规律就会刻入团队的 DNA 中，形成一套固定流程，让团队达成又一次小小的进化。

团队智能演化，与其组建时的模型息息相关。有些团队，从最开始的时候就是以智能演化为发展契机的，如阿里巴巴旗下的淘宝网。淘宝网在刚刚建立的时候，就拥有一个非常庞大的社区，不管是买家还是卖家，都乐于在社区当中交流心得。卖家能够学习到该如何开店，如何参加淘宝的活动。而买家在最开始也需要了解购买流程，需要知道到底怎么做才能找到自己想要的东西。人们在社区里互相协助，不断进步，很快就形成了一个良好的生态圈。这种生态圈还会随着时代的不断发展而不断演化、不断进步。总是有人能够发现新的东西，并且愿意将这些东西分享给别人。其他人也能跟随先行者的脚步不断进步，最终就成了一个完善的智能演化生态。

华为的智能演化生态与淘宝不一样，人们对华为从陌生到熟知，是因为华为的智能手机。想要保证智能手机上所有的配件都是华为自己生产的，这对于早期的华为来说是一件不可能的事情。

不管是华为，还是别的公司，都需要大量的合作伙伴。不管是配件供应商、渠道商、销售平台、物流公司，都是非常重要的。如果每次合作都需要重新来找合作伙伴的话，不仅麻烦，而且效率低下，稳定性也不尽如人意。所以，必须有长期的合作伙伴，这种长期绑定式的合作，久而久之就能成为一个智能演化生态。

智能演化生态是建立在深度合作上的，这种深度合作要以彼此信任、互相帮助、共同进步为基础。如果是在同一个团队里，各部门之间更要达成这种状态，才能真正地建立智能演化生态。

智能演化生态，离不开自由重组、协作和共创。不管是大型团队还是小型团队，想要进步都离不开各方面的支持。并且，未来团队的发展都会是多元化的，跨平台这件事情就会变得非常常见。如果团队不具有自由重组、协作、共创的能力，那么就难以打造智能演化生态。

1. 自由重组是团队建立智能演化生态的基础

多元化时代，要求每个团队都能够胜任更多、更全面的任务，导致每个任务、每个项目都会面临不同的问题。如果团队组成是固定的，是不能自由重组的，团队就会变得非常不灵活。可能一个并不大的项目，由于团队自身的短板问题，要与其他团队进行配合才能够顺利完成。

如果团队具有自由重组的能力，就能解除这种尴尬。面对不同项目的不同要求，就可以将团队打散重组，针对性地建立团队，针对性地组合团队。这样针对项目打造的团队是不会有短板的，不仅能提高效率，更不会浪费人力资源，甚至在进行大部分项目的时候，还可以节省不少的人力去负责其他项目。自由重组会让团队在不断地重组，不断地完成项目，不断地成功当中得到成长，得到进化，每个人都能成为团队的中流砥柱。

2. 协作是保证团队效率的基础

面对大型的项目，面对一个团队难以完成的项目，面对需要更强能力的项目，仅仅靠一个团队是不可能的。在团队能够自由重组的前提下，按照需求重组多个小团队，进行协作才是最好的解决方案。

既然可以自由重组，为什么不组合一个大型团队来一次性解决问题呢？大型团队虽然力量强大，但是在效率上却远远不如小团队。小团队机动性更高，更加灵活，更能有效地整合、利用资源。因此，想要获得最大的效率和利益，小团队才是最佳的选择。如果建立一个大团队来完成项目，不选择小团队协作，那么当一部分的团队成员提前完成了他们的部分怎么办？将他们踢出团队？这个部分出问题了，或者又有其他的要求了怎么办？而小团队则不一样，当小团队完成了任务以后，还可以进入其他项目，或者是承接其他的工作。即便是出了什么问题，他们仍然可以在第一时间用原班人马来解决问题。这种人力利用的效率是大团队远远不能比拟的。

3. 共创是建立智能演化生态的最后一环

不管团队如何重组，不管团队之间是用怎样的方式进行协作的，如果没有共创能力，那么早晚会有个人，甚至是小团队被落下。这些被落下的个人、小团队，在重组的时候已经不能胜任需要他们完成的内容了，在协作的时候也变得不得力。这种时候，被落下的团队和个人只能黯然离去，因为他们已经无法在这个大团队中找到立足之地了。

大团队必须有共创能力，必须保证小团队和个人都能不断地进步，都能跟上大团队的脚步，才能保证重组、协作是能实现的。

四、高维（赋能）团队精进的"六项思考帽"

在充满危机的新经济时代，企业和个人唯有改变既有的思考模式，放弃对过去成功经验的迷恋，学习有创意的思考方法，方能导出正确的经营思路。思考力的差距，会造成收入的差距，而对知识怠惰的人，在未来将因没有竞争力而无法生存下去。这是日本管理学家大前研一在其《思考的技术》[1]一书中描述的充满警示的话。思考也是一项技术，这种观点颠覆了很多人的既有观念。

如果说人的智商是一个汽车的发动机，知识是燃料，那么思考技术就相当于驾驶技术。这三项缺一不可，只有发动机和燃料的汽车，显然是无法开动的。

"思考是人类最根本的资源。""六项思考帽"[2]的提出者英国学者爱德华·德博诺博士说："我们对思考方法的追求永无止境。不论我们已经有多好，我们总想变得更好。"

在德博诺博士看来，人们通常所使用的思维方式为纵向思维方法，纵向思维是连贯性的，是从一个状况推演到另一个状况，就比如一栋建筑是一块砖一块砖建起来的。

而德博诺博士所提倡的横向思维则是不连贯的，是从一种方法移动到另一种方法，主张进行多角度思考，如"看还能不能换个角度思考一下，能否找到其他的解决方案"，横向思维不是寻找合适的方案，而是为了找到更优的方案，更具创造力。

而"六项思考帽"就是德博诺博士创造的一种横向思维方法。所谓的"六项思考帽"，就是将思维分成六个不同的维度，并分别用六项不同颜色的帽子来表示。"六项思考帽"的本质是为了寻找一条前进的路，而不是用来争论谁

---

[1] ［日］大前研一:《思考的技术》，中信出版社2010年版。
[2] ［英］爱德华·德博诺:《六项思考帽》，马睿译，中信出版社2016年版。

对谁错。

至今笔者犹记得我国在 2001 年申奥成功时举国欢腾的景象，然而在 1984 年，当奥运会的举办权花落美国洛杉矶时，这座城市却没有任何的激动与喜悦。因为在此之前，所有举办过奥运会的城市都会负债累累，举办奥运会从来没有过盈利的记录。但这次洛杉矶奥运会的组织者尤勃罗斯好像没有这种悲观情绪，他承诺将组织一届完全依靠民间力量的奥运会，当时的洛杉矶市长委员会闻讯后松了一口气，就像是甩掉了一个大包袱。

后来的结果却出乎了绝大多数人的预料，这届规模空前的盛会结束后，尤勃罗斯居然破天荒地赢利 2.25 亿美元。[①] 在接受《时代》采访时，尤勃罗斯说出了自己的成功秘诀。他说自己这次的成功应归功于在青年总裁培训班里接受的德博诺思维训练，是"德博诺思考拯救了奥运会"。

德博诺的"六顶思考帽"确实魔力非凡，对于团队想要达成的很多目的，它都能够帮助达成。比如：

· 从问题中发现机会；
· 发现全新的看待问题的角度，从而找到创意和商机；
· 将问题进行深度分解的技能；
· 培养团队的协同思维能力和整体思维能力；
· 用平行思考的力量来代替对抗式思考或相反的思考；
· 有助于创建动态的、积极的、开放的团队环境；
· 能提高团队创造力；
……

据我观察，有不少工作团队，在讨论问题时，常常会引起激烈的对抗性争论，这种争论不仅无助于问题的解决，而且还是团队赋能的杀手。

因为这些团队采取的多是传统的思考方法，讨论中，每个人都是习惯性地从自身的角度去考虑问题，并且容易情绪化，稍有不慎，团队成员之间就会出

[①] 寒叔说史：《1984 年，洛杉矶没钱办奥运会，奥运结束后却盈利 2.25 亿美元？》，载 https://baijiahao.baidu.com/s?id=1724697698055589104&wfr=spider&for=pc，2022 年 2 月 14 日发布。

现对抗，随后就会争论不休，而难以发挥出应有的团队集体智慧。

而"六顶思考帽"则是横向思考方式，在这种思考方式之下，任何时刻团队中的成员都会只往一个方面想。

比如，某个销售团队的十几个人，在探讨某项销售方案的优劣时，在传统思考方式下，很可能是一部分人说好，另一部分人说不好，还有一部分人干脆不作任何评论，这就很容易造成混乱，并产生对抗性辩论；而横向思考方式下，讨论都是有主题的、分阶段的，如可以先讨论销售方案的优点，这时大家都说优点，谁也不准说优点以外的事，然后说缺点，这个时候只准说缺点，最后大家再总结一下。横向思考，让团队中的每个人都能很好地参与。

"六顶思考帽"分别代表六种思维角色，包含了思维的各个侧面，可以帮助团队在集体讨论中互相激发、互相启发、互为补充，有助于团队的升维赋能。现在，我们有必要了解一下这"六顶思考帽"究竟是什么。

1. 白色思考帽

白色，象征着中立、客观。它代表着客观而中立的信息、数据和事实。借助白色思考帽去思考，人们重点考量的对象是事实和数据，即从客观的信息出发去思考问题，而不是主观臆断。运用"白色思考帽"时，要注意区分哪些是事实，哪些是推论，二者不可混为一谈。

2. 黄色思考帽

黄色，象征着肯定，代表积极、乐观与阳光。"黄色思考帽"是让人们更多从积极的、乐观的、正面的方向去考虑问题，同时，在思考中提出一些积极向上的、正能量的、建设性的观点和意见。

3. 黑色思考帽

黑色，象征着慎重、质疑、批评、否定。因此，"黑色思考帽"是让人们从反面的角度，如对相应的事实、观点进行否定、质疑、批判与风险评估等，从逻辑上找出其行不通、错误之处。

"黑色思考帽"并不是为了否定而否定，而是为了更好地完善团队思考模式，找到改进和解决问题的方法。

4. 红色思考帽

红色，象征着热烈的情感和情绪。通过"红色思考帽"，人们可以直观地表达自己的情绪、感受、直觉、预感。

"红色思考帽"就像一面镜子，毫无掩饰地反射出人们的一切感受。通过它，人们可以准确地表达出自己的直觉和感情。"红色思考帽"可以让团队成员敞开心扉、畅所欲言，表达对事物本身的真实看法。

5. 绿色思考帽

绿色，代表茵茵芳草，象征勃勃生机，是充满生机的。"绿色思考帽"不需要以逻辑性为基础，它寓意创造力和想象力，具有创造性思考、头脑风暴、求异思维等功能。

在做绿色思考时，要时刻想到下列问题：

第一，我们还有其他方法来做这件事吗？

第二，我们还能做其他什么事情吗？

第三，有什么可能发生的事情吗？

第四，什么方法可以克服我们遇到的困难？

通过"绿色思考帽"，我们可以获得行动的指导思想，提出解释，预言结果。使用"绿色思考帽"，我们能够找出各种可供选择的方案以及新颖的念头。

6. 蓝色思考帽

蓝色，是天空的颜色，有综观全局之意。"蓝色思考帽"负责控制和调节思维过程。它负责控制各种"思考帽"的使用顺序，规划和管理整个思考过程，并负责作出结论。

"蓝色思考帽"是"控制帽"，常在思维的开始、中间和结束时使用。使用"蓝色思考帽"时，要时刻想到下列问题：

第一，议程是怎样的？

第二，下一步怎么办？

第三，现在使用的是哪一种帽子？

第四，怎样总结现有的讨论？

第五，决定是什么？

通过"蓝色思考帽"，你可以：

第一，发挥思维促进者的作用；

第二，集中和再次集中思考；

第三，处理对特殊种类思考的需求；

第四，指出不当意见；

第五，按需要对思考进行总结；

第六，促进团队作出决策。

五、团队冲突与建设性冲突

在我们的惯性思维中，往往将冲突等同于矛盾、争吵、攻击、分裂，甚至视冲突为洪水猛兽，唯恐避之不及，认为团队冲突的出现是管理失败的表现。正因如此，管理者才会竭尽全力去避免团队冲突，主张稳定第一，强调团队氛围以和为贵、和谐压倒一切。笔者对此有不同的看法，对冲突应该以正面的态度去面对，因为在任何组织形态下，冲突都是不可避免的，甚至有时候最佳绩效的获得还有赖于适度冲突的存在，管理者的任务就是以正确的心态去面对冲突，去利用冲突，将冲突视作机会。

从属性上说，冲突本身其实也是一种沟通，只不过其形式相对激烈了一些而已。冲突的对立面其实恰恰就是融合，妥善处理了冲突，也就意味着融合局面的到来。

团队管理者要善于融合冲突双方甚至是多方的不同意见，这是一个无法抹去的管理过程。

冲突并不可怕，也没必要去刻意回避。对于冲突，重要的是转变观念。在任何组织形态下，冲突都是不可避免的。尤其是在团队内部，因为有不同的人，因而也就有了不同的观点和看法，他们之间发生冲突也就成了自然而然的事情，相反，如果团队中没有冲突，大家一直一团和气，那倒反而不正常了。

不错，冲突总会让人感觉到紧张和不快，但冲突管理恰恰也是驱动团队、组织变革的动力之一。只要处理得当，冲突也能够带来更多革新，帮助巩固团队内部的关系，帮助组建高维度的赋能团队。

进行冲突管理时，可以参照以下步骤进行。

第一，冲突分析。对于已经发生的冲突，应该先了解、分析冲突的前因后果，有调查才有发言权。

第二，调整期望。也就是整合冲突双方的期望值，尽量使其多从自我批评的角度去化解冲突，多想对方的好处。同时，弄清楚各自的期望和诉求，并逐条列出来。

第三，定下冲突管理目标。通过前期的了解和沟通，对于冲突管理所要达成的目标，应当有一个具体的认识。当然，目标要符合双方诉求，应当是一个折中的方案。

第四，冲突处理计划。有些冲突很难通过一次沟通就得以化解，往往需要经过反复的协调、商讨、让步，才能达成双方都满意的结果。因此，对于冲突处理要拟定一个科学的框架和计划。

第五，明确成本和义务。冲突处理不仅会产生人力成本，同时还会给团队合作带来一些难以量化的隐形成本和额外成本。要让冲突双方意识到这种成本，如果他们消极对待冲突协调，则要承担相应的责任。同时，也要让冲突双方明白他们所需承担的义务，以及为冲突化解所需做出的姿态和努力。

第六，总结性沟通。经过上述步骤后，管理者还要与双方进行总结性沟通，提出对他们的期望及要求。

需要注意的是，冲突分为两大类：一类为良性冲突，也称为建设性冲突；另一类为恶性冲突，也称破坏性冲突。

我们应尽量制止恶性冲突，但对于团队中的良性冲突，管理者应进行鼓励，建设性冲突对于团队建设有推动作用，建设性冲突的主要特点如下：

·冲突双方都认可团队共同目标。

·冲突双方愿意了解对方的不同意见、见解。

·冲突、争论的目的是解决问题。

·冲突中能够进行换位思考，并具备大局意识，会及时向对方、向领导通报相应情况。

在美国通用电气前总裁杰克·韦尔奇看来，开放、坦诚、建设性冲突、不分彼此是唯一的管理规则。而且，韦尔奇还经常通过与员工进行当面沟通的方式来激发建设性冲突，在讨论和冲突中发现问题，改善管理，提升领导力。

日本管理大师盛田昭夫也从自己的管理实践中体会到，可以适当激发建设性冲突来提升管理。

团队冲突过多，当然不是好事，但如果团队内部没有任何冲突，也未必是一个好团队。团队领导者要适当激发建设性冲突，让大家在适当冲突中各抒己见，敢于发表不同的意见和看法，敢于质疑权威，才能充分发挥良性冲突对团队管理的建设性作用。不过，需要做好建设性冲突的监控，避免让其转化为破坏性冲突。

通常，当团队内部的建设性冲突出现以下迹象时，就要及时加以矫正，避免转化为恶性冲突：

第一，原本的正常讨论、争执变成责难，甚至人身攻击。

第二，当冲突双方的参与规模越来越大，有拉帮结派迹象时。

第三，冲突双方的情绪越来越激动，有失控的征兆。

六、精神的传承：赋能团队最根本的驱动因素

在高维（赋能）团队中，有这样一种神奇的东西：

它具有目标导向功能，可以让团队成员抱成一团，朝一个方向努力；

它能够产生一种凝聚力，让每一位成员都有一种使命感、归属感、认同感，

自动自发地凝聚在一起；

它具有激励功能，让成员不断追求卓越；

它具有控制功能，这种控制约束既是自愿的，也是长久的；

……

这种神奇的东西就是团队精神，它是团队里所有成员的一个共同的精神指导。

传承是团队最根本的驱动因素，而精神力量是团队传承的核心，如谈到女排精神时，人们通常想到的都是"拼搏"二字，这就是传承的力量。

团队精神，是团队奋斗目标和价值观的集中体现，它强调的是团队成员的合作意识、大局意识和奋斗意识，团队成员甘愿为了共同的目标而共同奉献、共同奋斗。

团队精神，是高维（赋能）团队的灵魂，是成功团队不可缺少的特质。

1. 团队依靠精神支撑

如果没有超越个体生命的东西作为精神支撑，如果没有一种团队精神，那么很难做到将队伍打造成铁板一块。同样，如果没有精神力量的支持，团队成员的欲望、野心、梦想也是难以持久的，很容易知难而退，遇挫则止。

团队精神，是大局意识、协作精神和服务精神的集中体现。团队精神要求有统一的奋斗目标或价值观，而且需要相互信赖，需要适度的引导和协调。它强调的是团队内部成员间的合作态度，为了一个统一的目标，成员自觉地认同肩负的责任并愿意为此目标共同奉献。

当个人目标和团队目标一致的时候，凝聚力才能更深刻地体现出来。凝聚力强的团队通常具备以下特征：

第一，内部沟通渠道畅通，且团队成员愿意进行无障碍沟通。

第二，团队成员具有较强的归属感，并为自己身为团队的一员而感到骄傲。

同时，团队成员对团队也要有很强的归属感，将自己视为整个团队密不可分的一部分。

第三，团队成员之间能够做到互助关爱、团结协作。

第四，成员具有较强的集体主义精神，愿意为达成团队任务而共同努力。

第五，团队能为成员提供施展才华和成长提升的舞台与空间。

2. 消除阻碍团队精神传承的不利因素

为团队注入精神力量是提升团队凝聚力、战斗力的一个方面，另一方面则要注意消除那些有碍团队精神传承的不利因素。

第一，内部帮派纷争

团队内部避免不了会形成一些小团体，甚至是小帮派。拉帮结派是阻碍团队精神传承和团队合作的大敌，阵营分明、利益冲突明显的拉帮结派必然会损害团队的总体目标和利益。

对于内部的拉帮结派现象，团队管理者不仅要明察秋毫，分析其产生的原因和利益诉求，同时还要作出积极合理的引导，将其限定在合理范围内，将不利影响降至最低。

第二，团队成员的固执己见

固执己见是团队精神的大敌。如今企业分工越来越细，任何人都不可能独立完成所有的工作，团队工作的核心在于精诚协作，而刚愎自用、固执己见、自以为是的员工不能听取别人的建议，对别人提出的善意批评也不能接受。他们就是团队中的害群之马。作为管理者，一定要对他们进行合理的限制和积极的引导。

第三，个性太强的团队成员

很多团队领导者都抱怨"在简单的问题上，却出现了太多的意见"，其原因就在于团队成员都有着不同的个性，因而也有着不同的观点。"太强的个性在团队里往往会成为致命的缺点"，不少人都认同这一点。

笔者也承认，对那些有个性的员工，如果安排不得当、处理不好，他们当然是团队成功的大敌。但也不能因此而去抹杀员工的个性，甚至直接将那些有个性的员工拒于团队之外。个性强的员工往往具备特殊的优点和才能，要注意根据其特长，将其安排在合适的岗位上，充分发挥其优势，抑制其缺点。

3. 团队接班人

在现代企业团队管理领域，通过许多"后继无人"的历史经验教训，我们很容易看出，作为团队领导者，一个重要任务就是提前培养优秀的接班人。这是确保团队长久安定的战略举措，接班人本身也是团队精神传承计划的一部分。

对于整个企业层面的接班人计划，几乎所有的企业领导者都已经意识到了这一问题的重要性。但是，很多团队管理者却没有培养接班人的意识和计划。殊不知，这也是确保团队良性新陈代谢的一个重要工作。

某公司在培养接班人上有一项"备胎制度"，某位员工如果想要被提拔到更高的职位，首先要从自己的下属或部门同事中为公司推荐一位接班人，如果找不到合适的接班人则不能晋升，因为晋升后将意味着公司原有工作或岗位的断层。这种制度下，每位希望晋升的员工都会将培养接班人纳入自己的日常工作中，因为他们明白这事关自己能否顺利升职。

从这一意义上讲，高维（赋能）团队领导者的长久价值是由其继任者决定的。

图书在版编目(CIP)数据

团队赋能：带出一支高效能团队/大飞,周礼著
.—北京：中国法制出版社,2024.5
ISBN 978-7-5216-4417-3

Ⅰ.①团… Ⅱ.①大…②周… Ⅲ.①团队管理
Ⅳ.①C936

中国国家版本馆CIP数据核字（2024）第066151号

责任编辑：李宏伟　　　　　　　　　　　　　　　　　封面设计：周黎明

团队赋能：带出一支高效能团队
TUANDUI FUNENG: DAICHU YIZHI GAOXIAONENG TUANDUI

著者/大飞　周礼
经销/新华书店
印刷/三河市紫恒印装有限公司
开本/710毫米×1000毫米 16开　　　　　　印张/9　字数/140千
版次/2024年5月第1版　　　　　　　　　　　2024年5月第1次印刷

中国法制出版社出版
书号 ISBN 978-7-5216-4417-3　　　　　　　　　　定价：38.00元

北京市西城区西便门西里甲16号西便门办公区
邮政编码：100053　　　　　　　　　　　　　传真：010-63141600
网址：http://www.zgfzs.com　　　　　　　　编辑部电话：010-63141799
市场营销部电话：010-63141612　　　　　　　印务部电话：010-63141606
（如有印装质量问题，请与本社印务部联系。）